はじめに

　ここに私の敬愛すべきマジシャンの創意工夫や貴重なアイディアを、まとめて書籍という形にすることができたこと、またその機会を与えてくださったことに、非常に感謝いたします。

　本書は、私が主催していたイベントで発刊した作品集『SFマジックフェスティバル・コレクション1～5』の内容から厳選し、新たな作品も加えて再構成したものです。日本人の、それも長年仕事としてマジックに関わっている方々の実用的なアイディアを、このような形で書籍にまとめたのは史上初のことです。

　それらの作品やアイディアを無償で提供してくれたマジシャンには、感謝の言葉もありません。

　新しいマジックというものは、まったくゼロから発生するものではありません。先人の偉大なアイディアを参考に、あるいは元にしているのです。そういう点から、マジシャンは過去の財産の恩恵を受け続けていると言えます。マジック界は、そのような先人の知恵と努力の上に成り立っていることを忘れてはなりません。

　ここに作品を提供してくださったマジシャン諸兄も、新たな財産を私たちと共有することを許可してくださり、マジック界全体の向上と発展に尽力してくださったと言えるのです。注意深く読み込めば、新しいマジックを生み出そうとしたマジシャンの創意工夫や努力や情熱を、ひしひしと感じ取れることでしょう。

　たくさんのアイディアや工夫が、ここには詰め込まれています。読者の皆様には、これらの作品を元にして、自分なりのマジックの創造に取り組んでいただきたいと思います。

　マジック界がマジシャン同志の誠意と情熱で、文化的にもさらなる進歩と発展を続けることを切に願います。

カズ・カタヤマ

クロースアップ・マジック コレクション

目　次

はじめに ─── 1
注意書き ─── 6

Section:1　カズ・カタヤマ ─────── 7

変化するライジング・カード ─── 8
マイ・コリンズ・エース ─── 13
缶の中のカード ─── 22
赤と黒 ─── 28
四種のコインでリバース・マトリクス ─── 40
三種のコインの飛行 ─── 48
コインズ・トゥ・グラス ─── 57
遅技でのコインの出現 ─── 64
もっと高く！ Take me higher! ─── 70
出現と貫通 ─── 75
ハンカチの中で消えるコイン ─── 83
コップの中の悪夢 ─── 89

Section:2　ヒロ・サカイ ─────── 93

フィスト・ピース ─── 94
ノン・フォーチュン・テーリング ─── 97
レッド・プリディクション ─── 101
ボート・ピーク ─── 105
コールド・ポイント ─── 109
イレイザー ─── 112

Section:3　ゆうきとも ——————— 117

EZ-スペル ——— 118
どこでもシルバー＆カッパー ——— 122
クイック・クリンク ——— 127
差し水 ——— 130
わき道 ——— 137

Section:4　Yuji村上 ——————— 141

MEOTO-YOGEN ——— 142
Afternoon Prediction ——— 145
Windom＆Miclas＆Agira ——— 150

Section:5　HIROSHI ——————— 157

3-0-3 ——— 158
3＆3 ——— 167
コインとペンの手順 ——— 173

Section:6　鈴木 徹 ——————— 185

入れ替わるループ ——— 186
しろくま ——— 191
スズキスライド ——— 197
タイムパラドックス ——— 203

Section:7　竹本 修 ——————— 213

予知との遭遇 ——— 214
ミラクル・ウォレットM ——— 220

目　次

　　　　秒速・インデックス〈ポケット・キャディ〉 ───── 224
　　　　マジシャンズチョイス／フォースに関する一考察 ───── 227

Section:8　シオミ ───── 233

　　　　コイン・ボックスでカード当て ───── 234
　　　　シルクとコイン ───── 237
　　　　画鋲と五円玉 ───── 240
　　　　四人のお妃 ───── 243

初出一覧 ───── 249
あとがき ───── 252

コラム
　　　　SFマジックフェスティバルという大会 ───── 184
　　　　日本はマジック天国なのか？ ───── 212
　　　　マジックの学び方 ───── 232

注意書き

　本書はある程度マジックに精通している方を対象に書かれているため、専門用語や基本的な技法に関しては解説はされていません。それらについては、下記の東京堂出版の書籍を参照して下さい。これらの本はマジックを本格的に習得する為には必携の書と言えます。

カードマジックに関する技法や用語

・カードマジック事典 新装版（高木重朗/編著　2016年）
・図解カードマジック大事典（宮中桂煥/著　TON・おのさか/編　2015年）
・奇術入門シリーズ　カードマジック（高木重朗/著　1987年）

コインマジックに関する技法や用語

・コインマジック事典 新装版（高木重朗・二川滋夫/編著　2017年）
・基礎から始めるコインマジック（二川滋夫/著　2006年）
・奇術入門シリーズ　コインマジック（二川滋夫/著　1987年）

Section:1
カズ・カタヤマ

　町内会から国際大会まで、テクニックを駆使したスライハンドマジックで幅広く活躍。正統派でありながら、革新派でもあるという異色のマジシャン。
　1992年世界マジックシンポジウムin東京グランプリ。第7回厚川昌男賞。2014年JCMAマジシャン・オブ・ザ・イヤーなど受賞多数。
　著述家、イラストレーターとしても多くの書籍を手がけている。

Section:1　　カズ・カタヤマ

変化するライジング・カード

　1991年にフランク・ガルシア氏が来日し、レクチャーでマーコニック氏の『ケースから抜け出るカード』(CARD THROUGH CARD CASE)を演じていました。それを見た時に、ふと、これはライジング・カードに利用できるのでは、と思い付き、構成したのが以下の作品です。

　結果として、高度なテクニックが必要なケン・クレンツェル氏の作品と、同様の効果をやさしく行なうことができるようになりました。以来30年以上に渡り、クローズアップやサロンショーで常に良い評判を得ているものです。

現象

　観客にカードを覚えてもらい、デックに戻してシャフルしてからカードケースに入れます。

　術者がカードケースを手に持ち、おまじないをかけると、ケースのふたを押し上げて1枚のカードが上がってきます。しかし、このカードは先程の観客のカードではありません。

　術者がカードケースを振ると、ケースから出ているカードが一瞬にして観客のカードに変化します。

必要な物

・ケース付きのレギュラー・デック一組
　カードの裏模様と同じデザインが一面に入っているケースが必要です。

準備

　カードケースの裏模様の面の口から2.5センチほどのところに、横一直線に切り込みを入れます。図1を見て下さい。これはケースにデックを入れて、裏模様の側にデックに付属の広告カードを下敷きとして入れて、金定規を当て、カッターナイフで切るようにすると、うまくいきます。

　このケースに、デックを入れておきます。

変化するライジング・カード

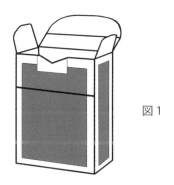

図1

手順

　ケースよりデックを取り出し、観客に渡してシャフルしてもらいます。これは、暗にデックに仕掛けがないと示すものです。

　ケースは切り込みのある面を上にして、さり気なくテーブル上に置きます。術者が気にしなければ、ケースの切り込みが観客に気付かれることはありません。

　デックを観客から受け取り、観客に1枚のカードを抜いて覚えてもらいます。

　観客のカードをデックに返してもらい、トップから2枚目にコントロールします。私はブラフ・パスを用いていますが、オーバーハンド・シャフルや、ティルトでコントロールしても構いません。

　両手の間にデックを裏向きで広げます。この時にトップから2枚目の観客のカードを少し5ミリ程手前に突き出させます（イン・ジョグ　図2）。

　再びデックをそろえます。トップから2枚目の観客のカードは、イン・ジョグされたままです（図3）。

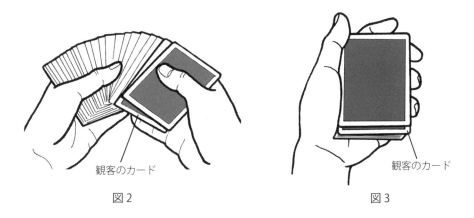

図2　観客のカード

図3　観客のカード

9

図4のように、右手をデックの上端から、親指が上、四指が下になるようにかけて、デックを取り上げます。このときに、デックのボトム側を右手の四指で押して、下端の方にデック全体を斜めにずらします。これは、イン・ジョグされたカードが観客から見えないようにするためです。図5が右手に取り上げたデックの状態です。デックのボトムの面が、観客に向くように注意して下さい。

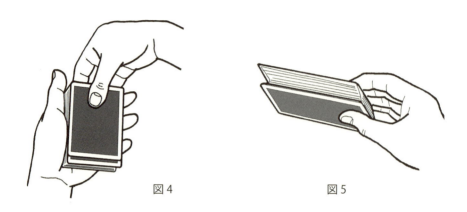

図4　　　　　　　　　　図5

　左手でケースを取り上げます。ケースの口を右側に向け、切り込みのある面は手前に向くように立てて持ちます（図6）。
　右手のデックをボトムが観客に向くように立てて、ケースに入れますが、デックがケースの口から入ったら左手の人差し指でケースの切り込みの下を軽く押します。これにより、デックから突き出た2枚のカードが切り込みから外に出てきます（図7）。
　そのまま右手でデックをケースに押し込みます。デック全体を手前に少し傾けるようにすると、スムーズに入ります。

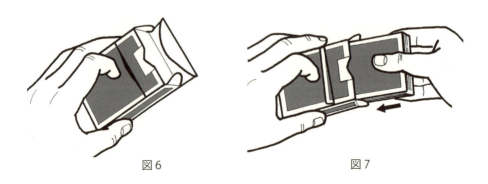

図6　　　　　　　　　　図7

ケースのふたをしめて、スリットの面が下になるように右手のビドルポジションに取り上げます。右手を返してスリットの面が観客に向くようにしますが、カードの裏模様とケースの裏模様が同じなので少し見ただけでは観客にケースから出ているカードの存在はわかりません（図8）。

ケースを左手に図9のように持ちます。

図8

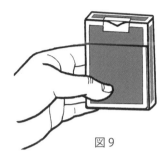
図9

右手でデックケースにおまじないの動作を行ないます。左手親指でデックから出ている2枚の上のカードを押し上げます（図10）。カードがケースのふたを押し上げ、上から出てきます（図11）。親指の動きはケースに隠されて観客からは見えません（図12）。

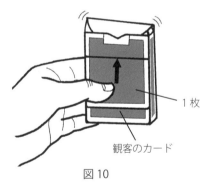
図10

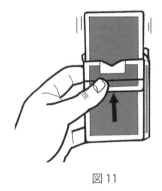
図11

図12

切り込みから1センチ程カードが残った状態でカードを押し上げるのをやめます。

観客のカードであるか尋ねます。

観客が違うといったら、「どうやらおまじないを間違えたようです。あなたの選んだカードは何でしたか」と尋ねます。この間にケースを左手に**図13**のように持ち直します。小指がケースから出ている観客のカードに当たるようにします。

観客のカードの名前を尋ねてから、左手を左右に振ります。この間に左手の小指で観客のカードを素早く上に押し上げます（**図14**）。観客のカードは、スリットから先に押し上げられたカードと重なってさらに押し上げられます。観客から見ると、ケースから出ているカードが一瞬に観客のカードに変化したように見えます（**図15**）。

右手でケースから観客のカードを抜き取りますが、この時に観客のカードの上にあるカードを、右手親指と左手人差し指でケースの中に戻します（**図16**）。

観客のカードをテーブルに置き、ケースのふたを閉めてデックをしまって終わります。

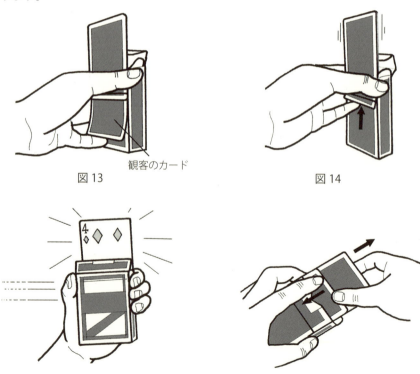

図13　観客のカード

図14

図15

図16

マイ・コリンズ・エース

　いわゆるコリンズの4Aの手順を覚えたのは『サイ・エンドフィールドのカードマジック』(Cy Endfield's Entertaining Card Magic の翻訳　ルイス・ギャンソン著　高木重朗訳　金沢文庫1975年）に掲載された手順でした。
　ちなみに私が子供の頃に、故淀川長治氏の解説が有名だった『日曜洋画劇場』で見た『SF巨大生物の島』（J.ベルヌの神秘島の映画化。原作は海底2万マイルの続編。映画にもネモ船長とノーチラス号が登場する）の監督がサイ・エンドフィールドその人であったことを最近知り、大変に感動したものであります。
　近年DVDも発売されていますので是非チェックしてください。レイ・ハリーハウゼンによる巨大生物のアニメーションが見事な作品です。

現象
　テーブルに置かれた4枚のエースの上に3枚ずつカードを配り、4つの山を作ります。
　それぞれの山から不思議な方法でエースが消失します。
　術者は再び4つの山に配ります。
　観客の指定した山から消えた4枚のエースが現れます。

必要な物
・レギュラー・デック　1組

手順
〈第一段　準備〉
　デックより4枚のエースを抜き出し、テーブル上に一列に並べます。エースの順は左から、ダイヤ、クラブ、ハート、スペードの順にします。残りのデックは左手に持ちます。
　右手でダイヤのエースを裏向きに返します。この間に左手親指でデックのトップから数枚のカードをずらし、これを左手4指でそろえることでトップから3枚目のカードの下に左手小指でブレイクを作ります。

Section:1　カズ・カタヤマ

　裏向きにしたダイヤのエースの上に、左手のデックからトップ・カード1枚を配ります。
　続けてデックのブレイクより上の2枚を1枚のように右手で取り、テーブル上の今配ったカードの上に配ります。
　さらに続けてデックのトップよりもう1枚カードを、今配ったカードの上に配ります。
　以上をタイミング良く行なうと、実際は4枚のカードを配ったわけですが、3枚のカードをダイヤのエースの上に配ったように見せることができます。
　同様にして、残りのエースの上にも3枚ずつのカードを配ったように見せて、実際は4枚のカードを配ります。

　テーブルの上にはエースをボトムにして4枚ずつのカードの山が4つあるように見えますが、実際は5枚の山が4つあります。それぞれのカードの位置を図1のようにA、B、C、Dとします。
　左手のデックをテーブルの脇に置きます。

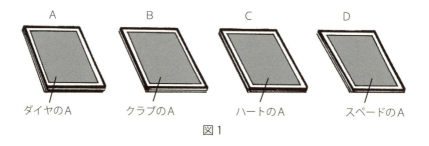

図1

〈第二段　第1のエースの消失〉

　左端Aのパケットを右手でビドル・グリップの状態で取り上げ、手を返してボトムのダイヤのエースを観客に見せます。
　このパケットをオーバーハンド・シャフルでまぜたように見せますが、最終的にボトムのダイヤのエースをトップに持ってきます。
　ここでサイ・エンドフィールドのサイド・グライドを用いてダイヤのエースが消失したように見せます。これは次のようにします。
　パケットの表を下にして左手に持ちます。図2はこのときのパケットの持ち方を示しています。親指をパケットの内側に当て、中指と薬指を外側に当てて保持します。
　右手の指先をパケットの右側からボトム・カードに当て、これを引き出します。図3はこの時の動作を示しています。

図2

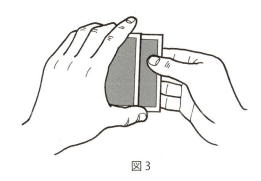

図3

　ボトム・カードが引き出されたら右手の親指でこのカードの端を押さえます。右手のカードを表向きにして、テーブル上の左端、先程ダイヤのエースのパケットが置いてあったAの位置に置きます。
　同じ方法で左手パケットから次のボトム・カードも引き出し、表向きにして先程のカードの上に置きます。
　次に左手の中指、薬指の先で、パケットのボトム・カードを左に引いて、このカードと次の2枚のカードの間に段を作ります（サイド・グライド）。**図4**はこの操作が終わったところです。
　段の上の2枚のカードを1枚のようにして、右手の人さし指と中指を下から親指を上から押さえて引き出し、表向きにしてテーブルの表向きのカードの上に置きます。**図5**のようにダイヤのエースはこのカードの下に隠されています。

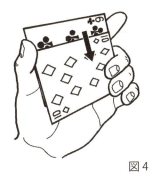

図4

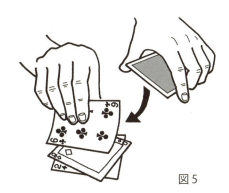

図5

Section:1　カズ・カタヤマ

　観客はエースではない3枚のカードを見せられたので、左手に残ったカードがダイヤのエースであると思っています。
　左手は残ったカードを握り込み、親指でこのカードを図6のように小指側からゆっくりと押し出します。

図6

　このカードを右手で取り、ゆっくりと表向きにしてテーブル上の3枚の表向きのカードの上に置きます。この間左手は動かさずにおきます。
　観客はまだ左手の中にエースがあると思っているので、ここで少し間を取り、ゆっくりと左手を開いて見せます。
　以上の動作を滑らかに行なうことが重要です。

　テーブル上の表向きのパケットを取り上げ、一旦そろえて左手に持ちます。この5枚のパケットの中央にエースが隠されています。アスカニオ・スプレッドを用いて表向きの4枚に広げて見せます。右手で保持した2枚のカードを抜き取り、パケットの一番上にのせてそろえ、表向きのままテーブルの左端Aの位置に置きます。
　エースは表向きのパケットの上から2枚目に隠されています。

〈第三段　第2のエースの消失〉
　Bのパケットを取り上げ、表を見せてクラブのエースを示します。
　パケットをシャフルしますが、エースを最終的にトップから2枚目に持ってきます。
　パケットを表向きにし、バックル・カウントを用いて4枚に広げます。エースが消失したように見えます。
　カウントが終わった時に最後のカードを表向きのパケットの一番上に置きます。これでエースがパケットの一番下にきます。

パケットを裏向きにして、左手にサイ・エンドフィールドのサイド・グライドのできる位置に持ちます。

第二段の手順と同様にサイド・グライドを行ない表向きにしたカードをAの位置のパケットの上に重ねていきます。

以上の1枚目と2枚目のエースの消失はサイ・エンドフィールドの手法とほぼ同じですが、表向きに重ねたパケットの上から3枚目と7枚目にエースが隠されていることに注意して下さい。

〈第四段　第3のエースの消失〉

Cのパケットを取り上げ、表を見せてハートのエースを見せます。パケットを裏向きで右手でビドル・グリップに持ちます。

左手親指で、右手のパケットのトップから1枚ずつ2枚のカードを引いて取ります。

図7のように右手を返して表向きにし、ハートのエースを表向きに左手の2枚のカードの上に少し突き出させた状態に取ります。

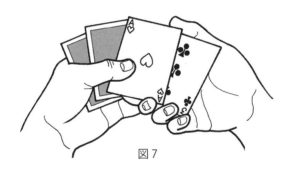

図7

右手に残った2枚のカードを1枚のように左手のパケットの上に表向きに置きます。

ここで次のようにして、ペイント・ブラッシュ・チェンジを行なってハートのエースを他のカードに変えて見せます。

左手人さし指をのばして、突き出たハートのエースの前方に当てます。右手親指を下から人さし指と中指を上から当て、パケットの上2枚のカードの手前端を少し持ち上げます。

この2枚のカードをハートのエースの上を撫でるように前後に動かします。

何度かカードを動かしたのち、ハートのエースの上に2枚の下のカードを置きただちに上のカードを引きます。図8はこの時の状態を示しています。他のカードで撫でると一瞬にしてエースが変化したように見えます。
　右手のカードを裏向きにして、左手パケットの表向きに突き出た2枚重ねのカードの下（ハートのエースの下）に入れます。
　右手の親指が下、人さし指と中指が上になるようにパケットの表向きの2枚重ねのカードの手前の端をつかんで、1枚のように取り上げカードを立てます。同時に左手も返して左手親指を右手のカードの裏に当て、右手のカードの後ろに隠されているハートのエースを左手パケットの上に引いて取ります。
　右手のカードをテーブルの中央に表向きに投げ出します。
　左手のパケットを表向きにして、右手にビドル・グリップで持ちます。
　左手親指で、右手のパケットから一番上のカードを引いて取ります。
　続いてアスカニオ・スプレッドのように右手のパケットの上のカードを左手親指で押さえ、右手は残り2枚のカードをそろえたまま前方に引き出します。図9はこの時の状態です。3枚のカードを広げて示したように見えます。

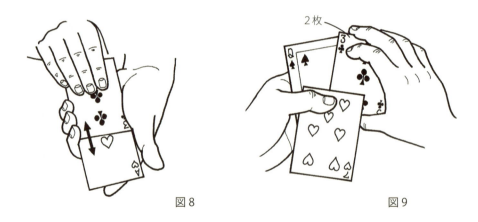

図8　　　　　　　　　　　　図9

　そのままカードをそろえ、左手ディーリング・ポジションに持ちますが、一番下のカードの上（隠されたエースの下）に左小指でブレイクを作ります。
　右手で一番上のカードをビドル・グリップで取り上げ、Aの位置の表向きのカードの上に置きます。
　次にブレイク上の2枚のカードを右手で1枚のようにビドル・グリップで取り上げ、Aの位置のカードの上に置きます（ダブル・カード・プットダウン）。
　左手の残りのカードもAの位置のカードの上に重ねます。

テーブルの中央に置いたカードを取り上げ、Aの位置のカードに重ねます。
表向きのカードの上から4枚、8枚目、12枚目にエースが隠されています。

〈第五段　第4のエースの消失〉
　Dのパケットを取り上げ、表を見せてスペードのエースを示します。
　パケットを裏向きに右手ビドル・グリップに持ち、リバース・カウントで4枚に左手に数え取ります。最後の2枚は1枚のように左手のパケットの上にのせますが、この2枚の下に左小指でブレイクを作ります。
　ダブル・リフトでブレイク上の2枚のカードを1枚のように左手パケットの上に表向きにします。スペードのエースです。
　このエースと下に隠された1枚を右手にビドル・グリップで取り上げ、このカードで左手のパケットをひっくり返して表向きにします。
　左手親指で3枚のカードを広げて見せます。この時広げた3枚のカードの一番上のカードの下に左手小指でブレイクを作ります。
　右手のエース（2枚）を広げた左手のパケットの一番上のカードにそろえて置きます。そのまま左手親指で、エースのカードのみを引きます。エースの下に隠されたカードと、ブレイク上のカードが重なってパケットの右側に少し突き出た状態になります。図10を見て下さい。この突き出た2枚のカードは右手に隠されて観客には見えません。

図10

　パケット全体をそろえる動作で、サイド・スチールを用いて、パケットから突き出た2枚のカードをそろえて右手にパームします。
　左手指先にそろえたパケットを持ち、スペードのエースを観客に示します。
　右手をパケットの上を通過させつつ、パームした2枚のカードをエースの上に置いてカラー・チェンジを行ないます。右手で軽く撫でるとエースが他のカードに変化したように見せなくてはなりません。

Section:1　カズ・カタヤマ

　左手の指先のパケットを手のひらに落としてディーリング・ポジションに持ち、一番上のカードをテーブル中央に投げ出します。
　左手のパケットをバックスプレッドで3枚に広げます。一番上の2枚（下にエースが隠されている）を右手ビドル・グリップで取り上げ、Aの位置の表向きのカードの山の上に置きます。
　続けて左手のカード2枚を1枚ずつAの位置のカードに重ねて、最後にテーブル中央のカードをこの山の上に重ねます。
　表向きのカードの5枚目、9枚目、13枚目、17枚目にエースが隠されています。

〈第六段　クライマックス〉
　表向きのカードをそろえて取り上げ、裏向きにして脇にのけておいたデックのトップにのせます。
　エースはデックのトップから4枚目、8枚目、12枚目、16枚目にあり、それぞれのエースの間は3枚ずつ他のカードが入っていることになります。
　ここで再び4つの山を配ることを説明し、観客に1から4の好きな数をひとつ言ってもらいます。
　さらに観客にテーブル左右どちらから配るのが良いか指定してもらいますが、実際に術者がテーブルの左右の端を指差し、観客にも指差すように誘導します。この間に以下のように観客の指定した数に合わせてカードの移動を行ないます。

観客が1を選んだ場合
　デックのトップから3枚のカードをクラシック・パスによってボトムにまわします。
観客が2を選んだ場合
　デックのトップから2枚のカードをクラシック・パスによってボトムにまわします。
観客が3を選んだ場合
　デックのトップから1枚のカードをクラシック・パスによってボトムにまわします。
観客が4を選んだ場合
　カードの移動は行ないません。

　デックのトップからテーブルに1枚ずつ観客の指定した側からいち、にい、さん、よん、と数えながら4枚のカードを一列に配り、さらに数を言いながらそれぞれ4枚ずつの山になるように配ります。

観客の指定した数のところ以外の3つの山を表向きにして見せ、いろいろなカードが混ざっていることを示します。
　表向きにしたカードをデックに重ね、観客の指定した山だけを残します。
　残った山の4枚をゆっくりと表向きにして広げて、消えたエースが再び現れているのを示します。

Section:1　カズ・カタヤマ

缶の中のカード

　これは私がクロースアップ・ショーやバー・マジックで実際に行なっている、サインカードの不可能な移動の方法です。

　もともとはジョン・ケネディ氏のレクチャーノート（マジックランド刊1984年）に解説されていた方法を行なっていたのですが、その後にフレッド・カップス氏やトミー・ワンダー氏等の様々なアイディアを取り入れ、このような形にまとまりました。

　その昔、カード1組だけで10～15分のショーを構成するということを考えていた時期があり、そのクライマックスとしてこのイフェクトがピッタリとはまりました。古くからの愛好家にはさほど珍しくはないと思いますが、一般の観客には常に良い評判を得ているものです。是非試してみて下さい。

現象
　観客のサインしたカードを4枚の絵札の真ん中にはさみ、観客に持ってもらいます。
　あらかじめ予言として観客に渡しておいた小さな缶の中から、折り畳まれたカードを取り出します。
　観客に折り畳まれたカードを広げてもらうと、先程サインしたカードです。
　観客に渡した絵札を見てもらうと、いつの間にかサインしたカードは消えています。

必要な物
・缶　下記のような仕掛けを施したもの。
・デック　1組
・サインペン

準備
〈缶の仕掛けの作り方〉
　直系5センチ、高さ2.5センチ程の缶を用意します。蓋は持ち上げることで、開けられる必要があります。

図1は実際に私が使っているものですが、必ずしも丸い形ではなくてもかまいません。8分の1に折ったカードが楽に入り、しっかりと蓋がしまり、なおかつ楽に蓋が取り外せるものです。

裏面が出るように8分の1にカードを折り、缶の中に短いテグス糸で取り付けます。糸の長さは、缶をひっくり返した時にカードが缶から垂れ下がらない程短いものです。糸でカードを付けることにより、缶を振ることでカードも動くので、缶とカードが連結されているようには見えません。

缶に蓋をしてポケットに入れておきます。

図1

手順

このマジックは単独で見せるのではなくて、クライマックスとしてカードの手順に組み入れて行ないます。

カードマジックを始める前に、缶を取り出して観客に示します。

「この中には予言が入っています」

観客の1人（男性）に向かって、

「これはマジックの最後に見せますので、預かってもらいますか？そうですねポケットにしまって下さい。誰かがこの缶をすり替えたりしないように、大切に預かってください」

と言い、缶を渡して預かってもらいます。

ここでいくつかのカードマジックを演じます。

最後に絵札と観客の選んだカードを使ったマジックを演じます。サンドイッチ・イフェクト等が良いでしょう。

私は観客（女性）にカードを選んでもらい、マックス・メイヴィン氏の「エコロジカル」(『パケット・トリック』東京堂出版P31。またの名を「ろば」)でキングを使って当ててから、観客のカードにサインをしてもらい、ラリー・ジェニングスの「まぼろしの訪問者」(『ラリー・ジェニングスのカードマジック入門』(株)テンヨーP158。洋名「ビジター」)を演じています。

デックを裏向きで左手のディーリング・ポジションに持ちます。観客自身に表向きの4枚のキングの中央にサインカードを表向きに差し込んでもらいます。
キングのパケットをそろえて、表向きのまま左手のデックのトップにおきます。
「もう一度カードの状態をよく見せます」
と言い、デック全体を右手のビドル・グリップで取り上げます。
左手親指で右手のデックの一番上の表向きのキングを、1枚引いて取り観客に示します。
続けて2枚目のキングも左手親指で引いて、左手に持ったキングの上に取ります。
同様に観客のサインカードを左手に引いて取りますが、このサインカードの下に左手小指でブレイクを作ります。
次に再び右手デックのキングを左手親指で引いて取りますが、デックと左手のパケットが重なった時に、左手のサインカードを右手のデックのボトムに取ります。いわゆるビドル・ムーブです。
最後のキングを左手に引いて取ります。
以上はデックのトップにある表向きのキングとサインカードを、1枚ずつ左手にとっていきながら観客に示す動きです。
右手のデックを一旦テーブルに置きます。
観客（女性）にキングのパケットを渡します。
「このカードを両手ではさんでしっかりと持っていて下さい」
と言い、デックを取り上げて両手ではさんで見せ、自分の胸の所に持ってきます。ボトムカードが見られないように注意して下さい。
「このように胸の所に持ってきて下さい…カードがうれしいと言ってます」
このギャグで、観客の意識が緩んでいる間に、デックのボトムの観客のカードを図2〜図6のように4つ折りにして（マーキュリー・ホールド）左手に取ります。

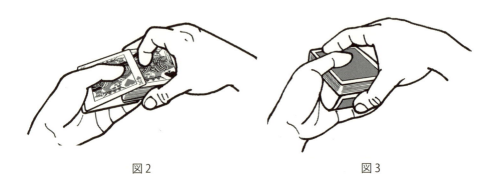

図2　　　　　　　　　　　図3

缶の中のカード

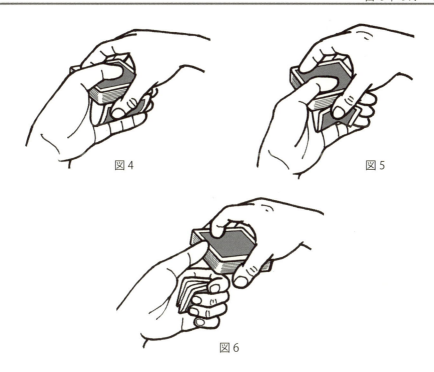

図4　図5

図6

　さらに左手親指と中指の先でもう一度折ります。**図7～図8**を見てください。
このカードを左手にフィンガー・パームします。

図7　図8

　慣れると以上のようにカードを折る動作は、2～3秒で終わります。デック3
組程折ればマスターできるでしょう。
　「ここで予言を見ましょう。先程缶を預かってもらったはずですね。出して下
さい」

もし、先ほどのギャグが滑って、観客の意識が緩まなかったら、ここで、缶に注目させている間にカードを折ります。

デックをテーブルに置き、右手で観客から缶を受け取ります。

缶を振って音をさせます。

「この中に何が入っているか？まだ皆さんに見せていませんでしたね」

右手の缶を左手に渡します。左手は**図9**のようにパームしているカードの上に缶をのせて隠し、缶を振って音を聞かせます。

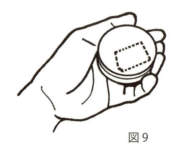

図9

「よく見て下さい、これが予言です」

右手でゆっくりと缶の蓋を取り除き、テーブルに置きます。左手で缶を振って中のカードを少し動かします。

右手を開いて観客（男性？）の方に出し、

「このように手を開いて下さい」

と言います。これは手に何も持っていないと印象付ける重要な動作です。

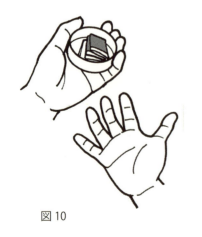

図10

図11

左手の缶を術者の右手の上に返します。同時にフィンガー・パームしている折りたたんだカードを右手の上に落とします。**図10〜図11**でこの時の動きを示します。観客には今見せた缶の中のカードが出てきたように見えます。
　ただちに右手のカードを観客の広げた手に置きます。
「このカードは私は触りませんので（印象付け）、ゆっくりと広げて皆さんに見せて下さい」
　観客にカードを広げてもらいます。なんと！観客のサインしたカードです。
　観客が反応している間に、缶の蓋をしめてポケットにしまいます。
　キングを持っている観客に、パケットを広げて見てもらいます。サインカードは消えています。

備考
　参考までに私が15分程で演じているカードの手順を記しておきます。

①マジシャン対ギャンブラー（ハリー・ローレイン）
　セットしたスタックをパームして、最初にデックを観客にシャッフルさせます。ここでキングとエースを取り出します。

②コリンズ・エース（スタンレイ・コリンズ／サイ・エンドフィールド／カズ）
　キングはひとまずテーブルの隅に置き、エースのマジックを行ないます。先に解説した手順です。

③オープン・トラベラー（ラリー・ジェニングス）
　これは難しい手順ですが、上手くやると一般の観客には大変ウケます。

④エコロジカル（マックス・メイビン）
　今度はエースをテーブルの隅に置き、キングを使ってマジックを行ないます。こ　こで初めてカード当てが出てきます。

⑤まぼろしの訪問者（ラリー・ジェニングス／ゆうきとも）
　観客のカードにサインをしてもらいます。

⑥缶の中のカード（カズ）
　サインカードに術者のサインを入れ、お土産として観客にわたします。その時のセリフは、「このカードを後10年ぐらいして『鑑定団』に出して下さい、物凄い価値が出ているかもしれませんよ」というものです。

赤と黒

　この作品は、厚川賞受賞者作品集『Winners』(1997年マジックランド刊)に発表した「赤裏と青裏の水と油」(初出は同人誌『掌PALM12号』1993年)を再構成し、クライマックスを付け加えて手順としたものです。もとはニック・トロスト氏の書籍に発表された二川滋夫氏の「Japanese Aces」(二川氏によると、氏のオリジナルではなくて、当時流行っていた手順をニック・トロスト氏に見せたところ、氏の作品として発表されてしまったとのことです)をあれこれいじくり回していて出来たパケット・トリックでした。デックで行なう『水と油』の手法を開発したことにより一応の手順完成となりましたので、今回ハンドリングを単純化(覚えやすく)してここに完全版を解説させていただきます。

現象
　術者は赤と黒のデックを取り出し、観客に好きなトランプの数字を決めてもらいます。
　観客の決めた数字のカードで、赤いマーク(♡◇)のカード2枚を赤裏のデックから、黒いマーク(♠♣)のカード2枚を黒裏のデックから取り出します。
　取り出した4枚のカードを表向きにして、赤いマークのカードと黒いマークのカードを交互に混ぜます。しかし、赤いカードと黒いカードはきれいに分かれてしまいます。
　次に4枚のカードを裏向きにして、赤裏のカードと黒裏のカードを交互に混ぜます。再び赤裏のカードと黒裏のカードはきれいに分かれてしまいます。
　赤裏のカード2枚で黒裏のカード2枚を挟みます。カードを表向きにすると、全てのカードが赤いマークのカードに変化します。さらに裏を見ると、全てのカードが黒裏のカードに変化します。つまり黒裏の赤マークのカードになってしまうのです。
　しかし、次の瞬間にはカードは元通り赤裏の赤いマークのカード2枚と、黒裏の黒いマークのカード2枚に戻ります。
　続いて、カードをそれぞれのデックに戻し、赤裏と黒裏のデックを半分ずつに分けて、それぞれリフル・シャフルで混ぜ合わせます。

混ぜ合せたデックを1つに合わせて、テーブルに広げると、赤裏と黒裏のデックはきれいに分かれてしまいます。

必要な物
・赤裏のデック1組
・黒裏のデック1組

手順
〈第一段　カードを選ぶ〉
　2つのデックを取り出し、テーブルに置きます。
　観客にA～Kまでのカードから好きな数字を言ってもらいます。ここでは仮に3だとします。
　次に好きな方のデックを選んでもらいます。仮に赤が選ばれたとします。
　観客に赤デックを渡し、ケースから出して赤いマーク（♡◇）の3のカード2枚を取り出してもらうように言います。
　観客がカードを取り出している間に、術者は黒いマーク（♠♣）の3のカード2枚を取り出すと言いながら、次のようにして3枚のカードを取り出します。
　デックをケースから取り出し、表を自分の方に向けて広げ、まず赤い3の1枚を探し出し、このカードがデックのトップ（表向きのデックの一番下）になるようにカットします。ここでは◇の3をトップになるようにカットしたとします。
　続けて2枚の黒いマーク（♠♣）の3を探し出して、それぞれデックから半分程アウトジョグした状態にします。
　デックをそろえて左手のディーリング・ポジションに持ち、右手でデックを押さえて、左手でアウト・ジョグされた2枚のカードを抜き取りますが、この時にデックの一番下にある◇3をバックルしてデックより離して2枚の黒い3の下にひそかに加えてしまいます（図1）。

図1

Section:1 　カズ・カタヤマ

　右手のデックはテーブルの左脇に置きます。左手のパケットはそろえてディーリング・ポジションに持ちます。
　観客が取り出した赤いマークのカード２枚を、テーブル中央に表向きに置きます。この時に◇３が下になるようにします。
　テーブルの２枚の赤いマークのカードの上に、黒いマークの３のカード２枚（下に◇３が隠されている）を表向きのまま重ねて置きます。
　観客から赤裏のデックを受け取り、テーブルの右脇に置きます。

〈第二段　赤と黒〉
　テーブルのパケットをそろえて表向きのまま取り上げます。パケットの順は表向きで上から黒の３（黒裏）、黒の３（黒裏）、◇３（黒裏）、♡３（赤裏）、◇３（赤裏）となっています。
　パケットを観客に裏を見せるように立てて、バックル・カウントを用いて４枚に広げます。観客からは黒裏２枚と赤裏２枚のカードを持っているように見えます（図2）。
　一旦パケットをそろえて今度は、表が観客に見えるように上から順に４枚に広げます。最後は２枚重ねたままです。黒いマーク２枚と赤いマーク２枚の３のカードを持っているように見えます（図3）。

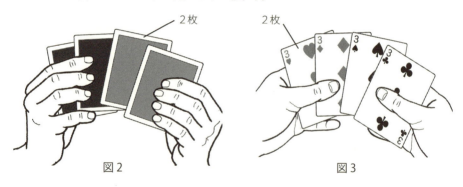

図2　　　　　　　　　　図3

　そのまま広げたカードの上の２枚のカード（黒いマークの３）を右手に取ります。両手のカードをそろえて持ちます。右手には黒いマークのカード２枚、左手手には赤いマークのカード２枚を持っているように見えます。
　右手の親指で持っている上のカード（黒い３）を押し出して、テーブル中央に表向きのまま置きます。
　今置いたカードの上に、左手に持っている上のカード（黒裏の◇３）を親指で押し出して重ねます（図4）。

図4

　続けて右手に残ったカード（黒い3）をテーブルの2枚のカードの上に重ねます。
　左手の2枚のカード（♡3が上に見えている）を1枚のように重ねて右手で取り、テーブルの3枚のカードの上に置きます。
　テーブル上のパケットをそろえます。
　観客には左右の手に持った赤と黒のカードを、テーブル上に交互に混ぜたように見えます。
　パケットの状態は表向きで上から♡3（赤裏）、◇3（赤裏）、黒の3（黒裏）、◇3（黒裏）、黒の3（黒裏）の順になっています。
　ゆっくりとパケットを取り上げて、表向きのままで左手のディーリング・ポジションに持ちます。
　ここで次のようにして、赤と黒のカードが分かれたように見せます。

〔分離を示すハンドリング〕
　左手親指で上のカード（♡3）を押し出して、右手に取ります。
　次のカード（◇3）も左手親指で押し出して、右手のカードの上に少し広げた状態に取ります（**図5**）。

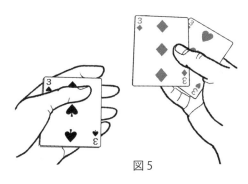

図5

Section:1　カズ・カタヤマ

　右手を返して2枚のカードの裏を観客に見せます（赤裏の2枚）。
　右手を戻して2枚のカードを順を変えずに表向きにテーブルに置きます（◇3が上）。
　左手のカードの右下隅を右手のピンチ・グリップで持ち、親指で上の2枚（黒の3の下に黒裏の◇3がある）を重ねたまま押し出して1枚のように左手に取ります（図6）。これはエルムズレイ・カウントでカードを重ねて取る時と同じ要領です。
　右手に残ったカードを左手に取ったカード（2枚重なっている）の上に広げた状態で重ねて、そのまま右手に取り上げます（図7）。

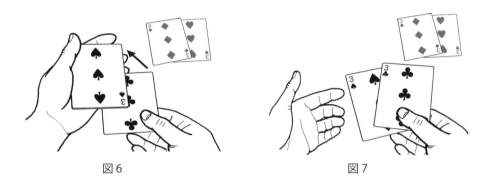

図6　　　　　　　　　　　　　図7

　右手を返してカードの裏を観客に見せます（黒裏の2枚に見える）。
　右手を戻して手にしたカード（2枚に見えるが実際は3枚）を順を変えずに表向きのままテーブルの2枚の赤カードの上に重ねます。

　以上で赤いマークと黒いマークの3を交互に混ぜたパケットが、赤黒に分かれたように見えます。

〈第三段　赤裏と黒裏〉
　テーブル上のパケットをそろえます。パケットの状態は表向きで上から黒の3（黒裏）、黒の3（黒裏）、◇3（黒裏）、◇3（赤裏）、♡3（赤裏）となっています。
　パケットを裏向きにして左手に持ちます。
　上から順に4枚に広げます。最後は2枚重ねたままです。赤裏2枚と黒裏2枚のカードに見えます。
　以下は第一段と全く同じハンドリングになります。

広げたカードの上の２枚のカード（赤裏）を右手に取ります。両手のカードをそろえて持ちます。右手には赤裏のカード２枚、左手には黒裏のカード２枚を持っているように見えます。
　右手の親指で持っている上のカード（赤裏）を押し出して、テーブル中央に表向きのまま置きます。
　今置いたカードの上に、左手に持っている上のカード（黒裏の◇３）を親指で押し出して重ねます。
　続けて右手に残ったカード（赤裏）をテーブルの２枚のカードの上に重ねます。
　左手の２枚のカード（黒裏）を１枚のように重ねて右手に取り、テーブルの３枚のカードの上に置きます。
　テーブル上のパケットをそろえます。
　観客には赤裏と黒裏のカードを、テーブル上に交互に混ぜたように見えます。
　パケットの状態は裏向きで上から黒裏、黒裏、赤裏（◇３）、黒裏（◇３）、赤裏（♡３）の順になっています。
　ゆっくりとパケットを取り上げて、裏向きのままで左手のディーリング・ポジションに持ちます。
　ここで次のように再び〔分離を示すハンドリング〕を行なって、黒裏と赤裏のカードが分かれたように見せます。

　左手親指で上のカード（黒裏）を押し出して、右手に取ります。
　次のカード（黒裏）も左手親指で押し出して、右手のカードの上に少し広げた状態に取ります。
　右手を返して２枚のカードの表を観客に見せます（黒いマークの２枚）。
　右手を戻して２枚のカードを順を変えずに裏向きにテーブルに置きます。
　左手のカードの右下隅を右手のピンチ・グリップで持ち、親指で上の２枚（下に黒裏の◇３がある）を重ねたまま押し出して１枚のように左手に取ります。
　右手に残ったカードを左手に取ったカード（２枚重なっている）の上に広げた状態で重ねて、そのまま右手に取り上げます。
　右手を返してカードの裏を観客に見せます（◇３と♡３の２枚に見える）。
　右手を戻して手にしたカード（２枚に見えるが実際は３枚）を順を変えずに裏向きのままテーブルの２枚の黒裏カードの上に重ねます。

　以上で、赤裏と黒裏のカードを交互に混ぜたパケットが赤黒に分かれたように見えます。

〈第四段　黒裏の赤カード〉

　テーブル上のパケットをそろえます。パケットの状態は裏向きで上から赤裏（♡3）、赤裏（♢3）、黒裏（♢3）、黒裏、黒裏の順になっています。

　パケットを裏向きのまま取り上げて、アスカニオ・スプレッドを用いて4枚に広げます（図8）。

　右手で保持している2枚のカード（赤裏♢3の下に黒裏♢3）を抜き出して、パケットのボトムにまわして一旦全体をそろえ左手に持ちます。

　上から順に4枚に広げます。最後は2枚重ねたままです。赤裏2枚で黒裏2枚のカードをはさんでいるように見えます。

　パケットをそろえて表向きにします。

　ここでエルムズレイ・カウントを用いてパケットを4枚に数えます。4枚とも赤いマークのカードになったように見えます。

　パケットをそろえて裏向きにし、エルムズレイ・カウントを用いて4枚に数えます。4枚とも黒裏のカードになってしまったように見えます。この時に、最後のカードをパケットのボトムに入れます（アンダー・エルムズレイ）。

　4枚のカードすべてが黒裏の赤マークのカードになってしまったと説明しながら再びエルムズレイ・カウントを用いて4枚に数えます。この時に最後のカードを右手指先に持ったまま、このカードを返して表を見せます（黒裏の♢3）。

　この間に左手は片手でパケットを表向きにします。左親指で一番上のカード（♡3）を少し押し出して、2枚目の赤いカード（♢3）も見せます（図9）。

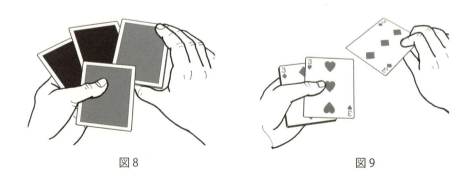

図8　　　　　　　　　　　　　　図9

　右手のカードを表向きにして左手パケットの上から2枚目（♡3の下）に差し入れます。

　パケットをそろえて裏向きにして、左手に持ちます。

〈第五段　元通り〉

　パケットの状態は裏向きで上から黒裏、黒裏、赤裏（◇3）、黒裏（◇3）、赤裏（♡3）の順になっています。
　ここで次のように〔分離を示すハンドリング〕を行なうと、赤裏の赤いマークと黒裏の黒いマークの4枚に戻ったように見せられます。ここは第三段の分離を示す手順とカードの状態が全く同じです。

　左手親指で上のカード（黒裏）を押し出して、右手に取ります。
　次のカード（黒裏）も左手親指で押し出して、右手のカードの上に少し広げた状態に取ります。
　右手を返して2枚のカードの表を観客に見せます（黒いマークの2枚）。
　右手を戻して2枚のカードを順を変えずに裏向きにテーブルに置きます。
　左手のカードの右下隅を右手のピンチ・グリップで持ち、親指で上の2枚（下に黒裏の◇3がある）を重ねたまま押し出して1枚のように左手に取ります。
　右手に残ったカードを左手に取ったカード（2枚重なっている）の上に広げた状態で重ねて、そのまま右手に取り上げます。
　右手を返してカードの裏を観客に見せます（◇3と♡3の2枚に見える）。
　右手を戻して手にしたカード（2枚に見えるが実際は3枚）を順を変えずに裏向きのままテーブルの2枚の黒裏カードの上に重ねます。

　パケットをそろえて裏向きで左手に持ち、再び次のように〔分離を示すハンドリング〕を行ないながら、パケットをデックに戻します。

　左手親指で上のカード（赤裏）を押し出して、右手に取ります。
　次のカード（赤裏）も左手親指で押し出して、右手のカードの上に少し広げた状態に取ります。
　右手を返して2枚のカードの表を観客に見せます（◇3と♡3）。
　右手を戻して2枚のカードを裏向きにし、テーブル右脇の赤デックのトップに置きます。
　左手のカードの右下隅を右手のピンチ・グリップで持ち、親指で上の2枚（黒裏の◇3と黒いマークのカード）を重ねたまま押し出して1枚のように左手に取ります。
　右手に残ったカードを左手に取ったカード（2枚重なっている）の上に広げた状態で重ねて、そのまま右手に取り上げます
　右手を返して2枚のカードの表を観客に見せます（黒いマークの2枚に見える）。

Section:1　カズ・カタヤマ

右手を戻して2枚のカードを裏向きにし、テーブル左脇の黒デックのトップに置きます。

〈第六段　赤デックと黒デック〉

テーブルの両脇にある赤と黒のデックを、中央に横向きに並べて置きます。左が黒裏、右が赤裏になります。

右手で右側のデックの上半分を、左手で左側のデックの上半分をそれぞれ分けて取り、テーブルの前方に置きます（図10）。

ここで手前の左右にある赤黒のデックの下半分で、トライアンフ・シャフルを行ないます。つまり赤黒のデックをリフル・シャフルで混ぜ合せたように見せるわけです（図11）。

トライアンフ・シャフルが終わったら、テーブル中央には赤裏と黒裏半分ずつを混ぜ合せたひと組が置かれているように見えますが、実際は下半分が黒裏で上半分が赤裏、そして一番上に黒裏1枚がのっている状態になります。

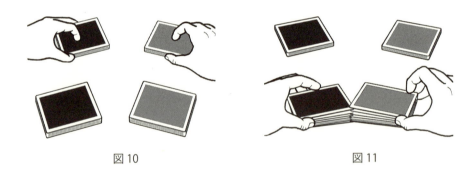

図10　　　　　　　　　　　　図11

右手でこのひと組の上半分を分けて取り上げます。この時下に残った半分のトップに赤裏のカードが残るようにします。これは1枚でなくても数枚のカードが残されてかまいません（図12）。つまり上半分の赤裏のカードの下の方から分ければ良いのです。

右手で分けた半分の山をテーブルの右側に置きます。この山は一番上のカード1枚が黒裏で、他は赤裏のカードです。

右前方に置かれた赤裏のカード半分を右手で取り上げて、今分けた半分の山とリフル・シャフルを行ないます。カードが見えないクローズド・リフル・シャフルです。この時に黒のカード1枚を含む数枚を最後に落とすようにします。

リフル・シャフルしたカードをそろえる時に、かみ合わされた2つの山を45°の角度で差し入れます（図13）。

いかにも赤裏と黒裏のカードが混ざっている印象を生むことができます。この混ぜ合せた山はこのままの状態でテーブルの右に置きます。

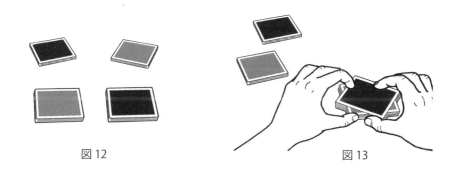

図 12　　　　　　　　　　　　　　　図 13

　テーブルの左側に残った半分の山（トップ数枚が赤裏で残りは黒裏）と、左前方に置いた黒裏の半分の山で、クローズド・リフル・シャフルを行ないます。
　この時に数枚の赤裏のカードを最後に落とすようにします。
　先程と同じように、この山もそろえる時に 45°の角度で差し入れます。これもいかにも赤裏と黒裏のカードが混ざっているように見えます（**図 14**）。
　テーブルの右側に置いてある混ぜ合わされた山を右手で取り上げて、今混ぜた山の上にゆっくりと重ねます（**図 15**）。

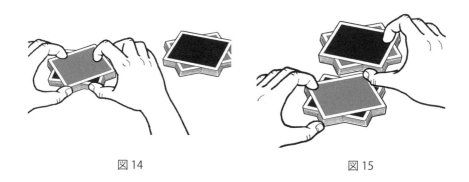

図 14　　　　　　　　　　　　　　　図 15

　全体をゆっくりとそろえます。
　このようにすると、2 つのデックを半分ずつに分けて、混ぜ合わせたように見えますが、実際は下半分が黒裏のデック、上半分が赤裏のデックになり、一番上に 1 枚だけ黒裏のカードがある状態になります。
　デックを表向きにして、テーブルの左方に置きます。
　デックを左から右にリボン・スプレッドします。

スプレッドの左端から2枚（元のトップから2枚のカード）を抜き取り、裏向きにして見せます。赤裏と黒裏のカードです（図16）。

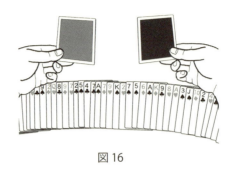

図 16

黒裏のカードを右前方に置き、赤裏のカードを左前方に置きます。これはリーダー・カードであると説明します。

スプレッドをターン・ノーバーします。すると左側に赤裏のカード、右側に黒裏のカードという状態に分かれています（図17）。

図 17

両手で赤裏と黒裏のデックを分けて、改めてそれぞれをリーダー・カードの手前に弧を描くようにスプレッドして、完全に分かれていることを示して終わります。

備考

最初に観客の選んだデックが黒デックならば、解説文中の赤と黒の表記が逆になります。

解説は長文となりましたが、実際に演じると、3〜4分で終わります。現象もシンプルで分かりやすいものです。
　第六段の現象の示し方は、ゆうきとも氏と庄司タカヒト氏のサジェスチョンにより完成しました。この場を借りて、両氏に感謝いたします。

Section:1　カズ・カタヤマ

四種のコインでリバース・マトリクス

　21世紀の現在でこそコイン・マトリックスでのリバース（バック・ファイア）現象は、珍しくはありませんが、30年以上も前に、マーク・レフラー氏の「リバーシ」という作品を大阪の庄野勝吉氏から見せてもらったときの衝撃は、今でも鮮明に残っています。ほんとうにびっくりして、椅子から転げ落ちそうになりました。その「リバーシ」を関西のクリエーター谷英樹氏がやさしくできるように改案したのが、「イージー・リバーシ」（『掌PALM 6号』掌PALM実行委員会1990年）という作品です。この谷氏の作品を4種類のコインでできるようにしたのが、この作品です。ギミック無し、エキストラ無し、という谷氏の作品の良さを残して、無理なくまとめました。マニアにも一般観客にも非常に評判の良い作品です。

現象
　4種類のコインをテーブル上の四隅に置き、それぞれのコインの上にカードを1枚ずつのせます。
　カードを弾いて取り上げる度に、コインは消えて1ヵ所に集まっていきますが、最後のコインが移動したと思ったら、一瞬にして、それぞれのコインが元の場所に戻ってしまいます。

必要な物
・4種類のコイン
　違いがはっきりわかれば、どのようなコインでも構いません。ここではハーフ・ダラー、イングリッシュ・ペニー、チャイニーズ・コイン、1円玉、の4枚を用いることとします。
・カード4枚
・テーブル上にマットが敷いてある方が良い。

手順
〈コインの上にカードを置く〉
　図1のようにテーブルの上に正方形に、4種類のコインを置きます。

それぞれのコインの間隔は 30 センチ程です。
説明の都合上、コインの位置を図のようにＡＢＣＤで示します。

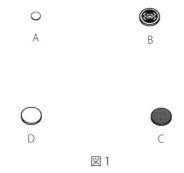

図 1

4 枚のカードをそろえて、**図 2** のように少し反りを付けます。これはカードの下にコインが有るときも無いときも、カードの状態が同じに見えるようにするためです。

カードを表向きにファンに広げて、右手に**図 3** のように持ちます。

図 2　　　　　　　　　　　図 3

左手で右手のファンの一番下のカードを抜き取り、裏向きにしてファンの一番上にのせ、右親指でこのカードを押さえます。**図 4** を見て下さい。

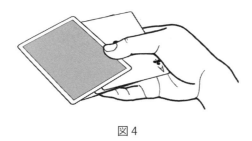

図 4

右手をDの位置のハーフ・ダラーの上に持ってきて、**図5**のように左手で裏向きのカードをハーフ・ダラーの上に持ってきますが、このときに次のようにして、右手のカードの下にハーフ・ダラーをひそかに抜き取ります。

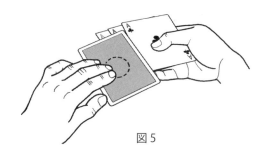

図5

　左手指先でカードの上からハーフ・ダラーの左縁を押します。すると、ハーフ・ダラーの右縁がマットから少し浮き上がります。ここに右手人差し指の先を差し込み、ハーフ・ダラーを右指先と右手に持っているカードで、はさみます。**図6〜図7**のように左手で裏向きのカードを押さえて右手を引き、右手のカードの下にハーフダラーを抜き取ります。

　以上をスムーズに行なうと、ハーフ・ダラーの上にカードを置いただけのように見えます。

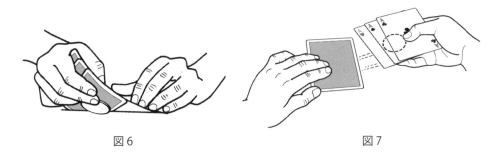

図6　　　　　　　　　　　　　図7

　左手で右手のファンの一番下のカードを抜き取り、裏向きにしてファンの一番上にのせて右親指で押さえます。隠し持ったハーフ・ダラーが見えないように注意して下さい。

　右手をCの位置のペニーの上に持ってきます。

　カードをペニーの上に置く動作で、次のようにして隠し持ったハーフ・ダラーをCの位置に置き、代わりにペニーを右手のカードの下に隠し取ります。

　右手のカードがペニーを隠したら、隠し持ったハーフダラーをペニーの手前に置き、先程と同じように、左手指先で裏向きのカードの上からペニーの左端を押

し、浮き上がったペニーの右端に右手人差し指の先を差し込んで、右手カードの下にペニーを抜き取ります。図8を参照して下さい。ペニーの上にカードを置いただけに見えなければいけません。

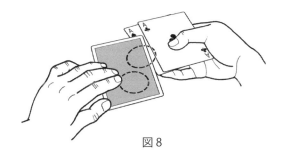

図8

　右手の2枚のカードのうち、下のカードを左手で抜き取り、裏向きにして右手のカードの上に載せて右手親指で押さえます。隠し持ったペニーが見えないように注意して下さい。

　右手をAの位置の1円玉の上に持ってきます。

　先程のD及びCの位置で行なったのと同じような動きで、裏向きのカードを1円玉の上に置きますが、この時に隠し持ったペニーをひそかに1円玉の横に置きます。

　右手に残った1枚のカードを裏向きにして、Bの位置のチャイニーズコインの上に置きます。

　それぞれのコインの上のカードを、横向きにします。CとBの位置のコインをピックアップ・ムーブで取り上げやすい位置にするのです。

　実際のコインの位置は図9のようになっています。

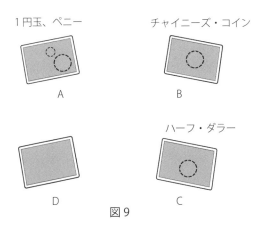

〈1枚目のコインの移動〉

　右手をCの位置のカードにかけ、ピックアップ・ムーブを用いてカードの下にハーフ・ダラーを隠して取り上げます。Cの位置のコイン（観客はペニーだと思っている）が消えたように見えます。

　続けて左手でAの位置のカードを取り上げて、1円玉の所にペニーが飛行しているのを示します。

　左手のカードをテーブルの脇に置きます。

　右手はカードを、その下にハーフ・ダラーを隠したままAの位置の1円玉とペニーの上に置きます。この時にコインがぶつかって音の出ないように注意して下さい。

　コインの位置は図10のようになります。

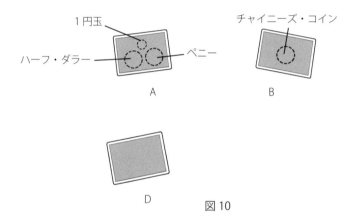

図10

〈2枚目のコインの移動〉

　右手をDの位置のカードに掛け、ピックアップ・ムーブと同じ動きで、カードを取り上げます。Dの位置のコイン（観客はハーフ・ダラーだと思っている）が消えたように見えます。

　続けて左手でAの位置のカードを取り上げて、ハーフ・ダラーも飛行してきたのを示します。

　左手のカードをテーブルの脇に置きます。

　右手のカードをAの位置の3枚のコインの上に置きますが、ここで、次のようにしてペニーをひそかに右手に抜き取ってしまいます。

　右手のカードを図11のように人差し指と中指ではさんで持ちます。

　図12のようにAの位置のコインの向こう側にカードを立てて、このカードの影で、右手中指でペニーの前の縁を押し、浮いた手前の縁に親指を入れて図13〜図14のように中指と親指ではさんで取ります。

四種のコインでリバース・マトリクス

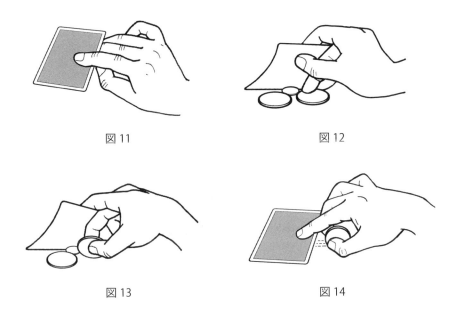

図 11　　　　　　　　　図 12

図 13　　　　　　　　　図 14

　カードはそのまま A の位置に置きます。
　以上の動作をスムーズに行なえば、コインの上にカードを置いただけのように見えます。
　右手にスチールしたペニーは、クラシック・パームに移します。
　コインの位置は**図 15** のようになります。

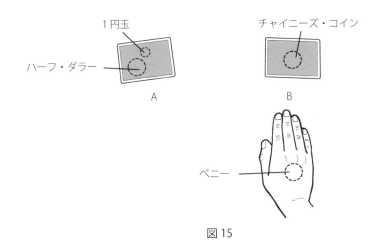

図 15

〈**3枚目の移動からクライマックス**〉

　ペニーをクラシック・パームした右手で、Bの位置のカードをピックアップ・ムーブを用いてチャイニーズ・コインと一緒に取り上げます。Bの位置のコインが消えたように見えます。

　右手のカードとその下に隠したチャイニーズ・コインをBの位置に戻します。ここから一気にクライマックスに入ります。

　コインの位置は**図15**のままです。

　左手はAの位置のカードをカードの下のハーフ・ダラーをピックアップ・ムーブで取り上げつつ、Dの位置まで引きます。

　同時に右手はクラシック・パームしているペニーをCの位置に落とし、Bの位置のカードをつかみます。

　左手はカードの下のハーフ・ダラーをDの位置に落とし、カードを上方に取り上げます。

　同時に右手はBの位置のカードを上方に取り上げます。**図16〜図17**を見て下さい。

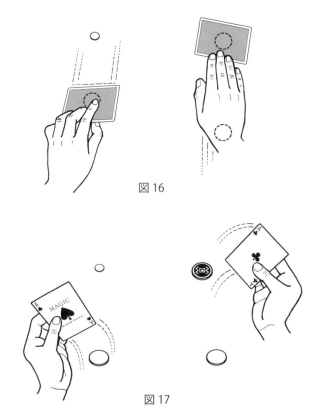

図16

図17

両手は同時に動くことに注意して下さい。チャイニーズ・コインが消えて、Aの位置に集まると思ったら、一瞬にしてすべてのコインが元の位置に戻ったように見えます。

備考

参考までに、私の用いている台詞を記します。

前記の4種類のコインを取り出し、それぞれのコインを説明したら、Aの位置に1円玉を置きます。

「皆さんのイマジネーションを働かせて下さい。このマットを海だと思って下さい。ここが日本です。日本から海を渡ると中国があります」

Bの位置にチャイニーズ・コインを置きます。

「中国から大陸を渡り、海峡を越えるとイギリスがあります」

Cの位置にイングリッシュ・ペニーを置きます。

「イギリスから大西洋を渡ると、アメリカになります」

Dの位置にハーフダラーを置きます。

「アメリカから太平洋を渡ると…そう日本です。このようにわずかな空間の中に世界地図を作ることができました」

マットの中央を指差して、

「この辺りが北極になるわけですね」

このように説明すると、観客もコインの位置を覚えやすくなり、最後のリバース現象の効果も上がります。

この後『￥円』が強力な力を持っていて、他の国のお金を引き寄せるという説明をし、中国は経済体系が異なるので、商談が決裂してしまったという話に持っていきました。しかし、これはまだ世の中がバブルに浮かれていた頃の話です。

ギミック・コインや、エキストラを用いていませんので、大きさの異なるコインや、ポーカーチップ等でも演技を組み立てることができます。是非お試しください。

Section:1　カズ・カタヤマ

三種のコインの飛行

　このマジックは、もともと六人部慶彦氏のスリー・コイン・アセンブリー（『不思議』17号、マジックマガジン社/1986年）を3種類のコインでやってみようという試みだったのです。しかし、結果として全然異なるマジックになってしまいました。ギミックのダブル・フェイス・コインを最大限に利用して、飛行現象と変化現象が無理なく連続構成されています。

現象
　銀貨、銅貨、中国の硬貨の3種類のコインが1枚ずつ、術者の手の中からテーブル上のカードの下へ移動しますが、中国の硬貨は銀貨、銅貨、と変化してから移動します。

必要な物
・ハーフ・ダラー（銀貨）
・イングリッシュ・ペニー（銅貨）
・中国のコイン（チャイニーズ・コイン）
・ハーフダラーとペニーのダブル・フェイス・コイン
　テーブルにマットを敷き、3種のコインを並べます。1枚のカード（数とマークは何でもかまいません）を用意し、**図1**のように内側縦方向に少しそりをつけておきます。
　ダブル・フェイス・コインは銅貨の面が上になるように右手にクラシック・パームします。図2を見て下さい。

図1

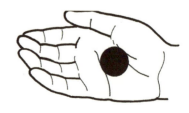

図2

手順

〈第一弾　準備〉

　3種のコインを観客に渡し、調べてもらいます。

　テーブルに3種のコインを並べ、中央にカードを表向きに置きます。

　右手でカードを裏返しにするのですが、次のようにしてパームしているダブル・フェイス・コインをひそかにカードの下に持ってきます。

a. まず、右手の親指をカードの内端に当て、ここを押すことによってカードの外端を浮かせます。

b. 人さし指を外端から差し入れ、カードを起こします（図3）。

c. カードが垂直に立ったら、図4のように人さし指をカードの右側に持ってきつつ、中指と薬指の先をパームしたコインに当てます。

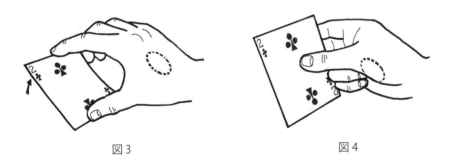

図3　　　　　　　　　　　図4

d. パームしたコインを中指と薬指の指先にのせて指をのばします。図5のようにこの動きはカードでカバーされ前方からは見えません。

e. 人差し指と中指でカードをはさむようにしてカードを手の上に倒します。コインは図6のようにカードの下に隠されます。

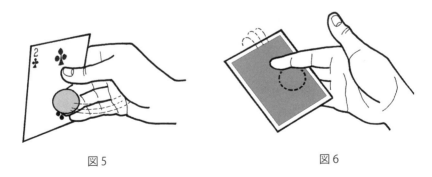

図5　　　　　　　　　　　図6

Section:1 　カズ・カタヤマ

　以上の動きは単にカードを返しながら取り上げたように見えます。実際は、右手にパームしたコインをひそかにカードの下に移動したわけです。
　右手のカードとその下のコインを、テーブルの中央に置きます。カードの下のダブル・フェイス・コインは銀貨の面が上を向いているはずです。

〈第二段　銀貨の飛行〉
　ここでテーブルの銀貨を取り上げ、リテンション・パスを用いて左手に握ったように見せます。
　左手を開いて銀貨の消失を示します。この間に右手の銀貨をクラシック・パームに移します。
　先の **a** ～ **e** と同じ動きでカードを返しながら取り上げ、ひそかにクラシック・パームしている銀貨をカードの下に保持します。
　カードを取り上げると銀貨の面を上にしたダブル・フェイス・コインが現れるので、手の中で消えたコインがカードの下から現れたように見えます。
　ここで次のようにスクープ・ムーブを用いてテーブル上のコインを左手に渡したように見せますが、カードの下に隠したコインとひそかに入れ替えます。
f. 左手の指先でテーブルのダブル・フェイス・コインを押さえ、右手のカードを前方からこのコインの下に滑り込ませてコインをカードの上にすくい上げます。右手はカードの下に銀貨を隠し持っています。図7はこの時の様子です。

図7

g. 右手のカードとコインの下に、左手を開いて持ってきます。
h. 右手首を手前に返しつつ、カードの上のコインを左手に落としたように見せます。実際は、右親指で今すくいあげたダブル・フェイス・コインを押さえ、手首を返しながらカードの下に隠しもっていた銀貨を左手の上に落とします。図8～9はこの時の動きを示しています。

三種のコインの飛行

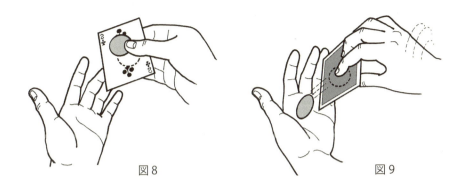

図8　　　　　　　　　　　　図9

左手の銀貨の裏表をよく示します。
この間に右手のカードを図10〜13のように持ち替えます。

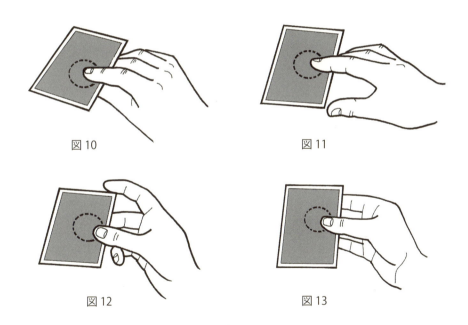

図10　　　　　　　　　　　　図11

図12　　　　　　　　　　　　図13

　左手の銀貨をテーブル中央に置き、その上に右手のカードを置きますが、ひそかに隠しもったダブル・フェイス・コインも一緒にカードの下に置きます。コインがぶつかって音が出ないように注意して下さい。
　上記の手順の通りに行なうと、カードの下のダブル・フェイス・コインは、銅貨の面が上になっているはずです。

51

〈第三段　銅貨の飛行〉
　テーブルの銅貨を取り上げ、リテンション・パスを用いて左手に握ったように見せます。
　左手を開いて銅貨の消失を示します。この間に右手の銅貨はクラシック・パームに移します。
　先の **a** ～ **b** と同じ動きでカードを返しながら取り上げひそかにパームした銅貨をカードの下に保持します。
　さらに **f** ～ **h** と同じようにテーブル上の 2 枚のコインをすくい上げて左手に渡したように見せますが、スクープ・ムーブを用いて、ダブル・フェイス・コインとパームした銅貨を入れ替えます。
　左手の銀貨と銅貨をよく見せてテーブルの中央に並べて置きます。この時銀貨を左側になるように置いて下さい。
　右手のカードを持ち替えて 2 枚のコインの上に置きますが、カードの下のダブル・フェイス・コインは右手にフィンガー・パームします。

〈第四段　中国のコインの変化と飛行〉
　テーブルの中国のコインを右手で取り上げますこの時に、右手のフィンガー・パームのダブル・フェイス・コインをクラシック・パームに移します。ダブル・フェイス・コインは銅貨の面が見えるようにクラシック・パームされます。
　中国のコインを左手に本当に握ります。この時の動きをリテンション・パスの動きに似せて下さい。
　左手を開いて中国のコインが消えていないのを示します。
　右手で **a** ～ **e** と同じ動きでカードを取り上げますが、今度はパームしているコインはそのままにします。
　右手のカードを裏向きにしてテーブルに当て、**図14** のように最初とは逆に裏向きに反りをつけます。

図14

三種のコインの飛行

　右手のカードを裏向きのままで、テーブル上の２枚のコインの上に横向きに置きます。
　次のように左手の中国のコインを右手で取り上げます。まず右手にクラッシック・パームしたコインを、フィンガー・パームに移します。右手の親指と人さし指中指で、中国のコインの縁をつかみ右手から取り上げます。この時に右手にフィンガー・パームされたダブル・フェイス・コインを左手のフィンガー・パームの位置に移します。**図15〜17**はこの時の動きを示しています。ダブル・フェイス・コインは銅貨の面が上になって左手にフィンガー・パームされます。中国のコインは右手のスペルバウンド・ポジションに持つことになります。

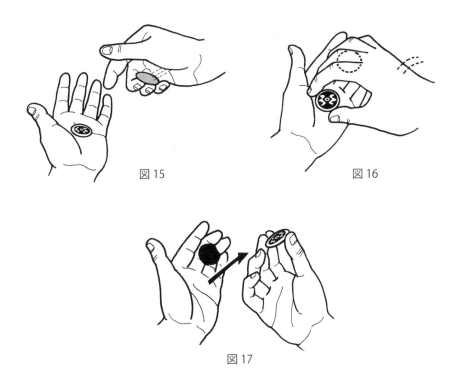

図15　　　　　　　　図16

図17

　左手を右手のコインの前に持って行きます。スペルバウンドと同様に、左手が右手のコインをカバーした時に右手のコインをフィンガー・パームに落とし、左手のフィンガー・パームのコインを右手の指先に保持します。左手をどけるとダブル・フェイス・コインの銀貨の面が観客に見えます。中国のコインを撫でると銀貨に変化したように見えます。

右手のダブル・フェイス・コインを左手のスペルバウンド・ポジションに渡します。裏面が見えないように注意して下さい。

右手にフィンガー・パームされた中国のコインを図18のようにフロント・フィンガー・ホールドに移します。

図18

右手でテーブル上のカードを取り上げますが、フィンガー・ホールドされた中国のコインをカードの外端から滑り込ませ、続けてカードの下にある銀貨をピックアップ・ムーブでカードと一緒に取り上げます。中国のコインと銅貨がカードの下にあるのが見えます。図19〜21はこの時の動きを示しています。

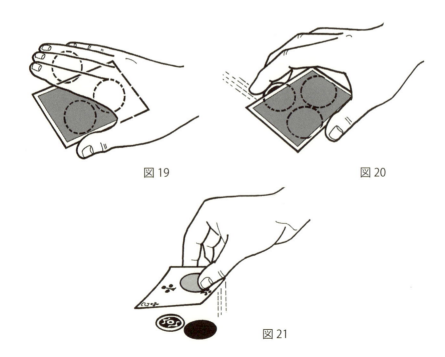

図19　　　　　　　　図20

図21

中国のコインを手で撫でると銀貨に変化して、テーブル上のカードの下にある銀貨が中国のコインに変化したように見えます。

　右手のカードとその下に隠した銀貨を、図10〜13のように持ち替え、テーブルの2枚のコインの上に向こう側から置きます。これはコインの位置を図22のようにするためです。

図22

　左手のダブル・フェイス・コインを右手でカバーし、反転させて銅貨の面を観客に向けて右手をどけます。左手の銀貨を右手で撫でると銅貨に変化したように見えます。

　右手でテーブルのカードを取り上げますが、カードの下にある銅貨をピックアップ・ムーブでカードと一緒に取り上げます。

　銀貨を撫でると銅貨に変化して、テーブルのカードの下にある銅貨が銀貨に変化したように見えます。

　右手のカードとその下に隠した銀貨を、図10〜13のように持ち替えて、向こう側からテーブルの2枚のコインの上に置きます。

　左手のダブル・フェイス・コインを右手で取り上げ、リテンション・パスを用いて左手に握ったように見せます。あくまで銅貨を握ったように見せなくてはなりません。

　左手を開いて銅貨が消失したのを見せます。この間に右手はダブル・フェイス・コインをクラシック・パームに移します。

　右手でテーブルのカードを取り上げますが、横向きのカードで**a〜e**のようにして、パームしたダブル・フェイス・コインをカードの下に持ってきます。コインをカードの下に隠したままテーブルに置きます。

　右手の中で消えた銅貨が、カードの下から出現したように見えます。

　両手を改めてから、3枚のコインを取り上げて観客に渡して調べてもらいます。

　カードの下に隠されたダブル・フェイス・コインは、あわてずに機会を見て処理します。

Section:1　カズ・カタヤマ

備考

　先に解説した「四種のコインのリバース・マトリックス」から続けて演じるのに最適な手順です。3枚のカードと1円玉を片付けた時に、ダブル・フェイス・コインをパームして手順に入れば良いのです。

コインズ・トゥ・グラス

　これは、ショー形式のクローズアップや、サロン・マジックで行なうのに適した『コップに通うコイン』の新しい手法です。
　もともとは、二川滋夫氏の『コイン奇術入門』（日本文芸社刊　後に東京堂出版から奇術入門シリーズ『コインマジック』として復刊）に掲載されていた手順から生まれたものです。手の中からコップの中にコインが1枚ずつ飛行していく現象は、演技者の腕次第で様々な表現が可能であり、幼い私は完全にはまってしまいました。
　明るく楽しいコインマジックをぜひ演じてみて下さい。

現象
　4枚のコインが1枚ずつコップの中に飛行します。

必要な物
・ハーフ・ダラー　5枚
・ガラスのコップ（ビール・グラス等）　1個

準備
　コップの中に5枚のハーフダラーを入れておきます。
　術者は襟のあるシャツを着用している必要があります。
　この手順は基本的にテーブルの手前に立って行ないます。

手順
〈4枚のコインを示す〉
　コップを左手で持ち、軽く振って中のコインの音をさせます。
　右手にコップの中のコインをすべて出します。
　左手のコップをテーブルに置きます。
　右手のコインをすべて左手に投げ渡したように見せますが、実際は1枚のコインを右手親指で押さえ、4枚のコインだけを左手に渡します(**図1**)。右手に残ったコインはフィンガー・パームに移します。

Section:1　カズ・カタヤマ

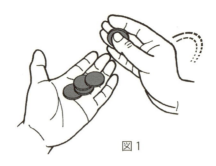

図1

　右手で左手から1枚ずつコインを取り上げて示し、4枚のコインをテーブル上に並べます。

〈1枚目のコイン〉
　左手でコップを取り上げて示しますが、この間に右手にフィンガー・パームしているコインをダウンズ・パームに移します（**図2～4**）。

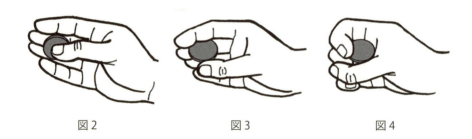

図2　　　　　　　　　　図3　　　　　　　　　　図4

　左手のコップを右手に渡しますが、コインをダウンズ・パームした右手でコップの口を**図5**のように持ちます。
　左手でテーブルから1枚のコインを取り上げ指先に持って示します。
　左手のコインをコップの底に2～3回軽く打ち付けます（**図6**）。

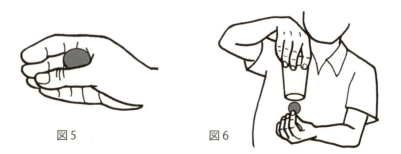

図5　　　　　　　　　　図6

次にコインを打ち付けると同時に、左手のコインはコップの底に当てたまま手のひらに落とし、コインの上にコップを置きつつ左手を開きます。同時に右手の親指の力を少し緩めてダウンズ・パームしているコインをコップの中に落とします。コインがコップの底を貫通したように見えます（図7）。

右手をコップから離して左手にコップをのせたまま観客に示します。コップの底にあるコインは光の屈折とコップの中のコインに隠されて観客には見えません（図8）。

図7　　　　　　　　　　　　　図8

右手で左手からコップを取り上げます。左手のコインが観客に見えないように左手首を返し（図9）、このコインはフィンガー・パームに移します。

図9

体の正面で、右手の手のひらが上になるように返して、コップの中のコインを左手に落としたように見せますが、実際はこのコインを右手の三指で受け取り、そのままフィンガー・パームします。タイミングを合わせて左手を開きパームしていたコインを見せます（図10〜12）。観客にはコップの中のコインを左手に落としたように見えます。コップの中のコインで行なうシャトル・パスという感じです。

右手のコップを反転させて口を上に向けます。

左手のコインをコップの中に入れます。

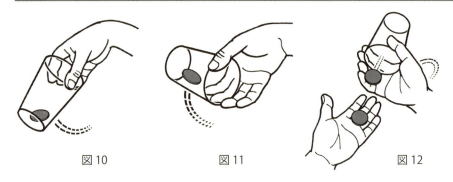

図 10　　　　　　　図 11　　　　　　　図 12

〈2 枚目のコイン〉

　現在の状態：右手にコインをフィンガー・パームしてコップを持っています。コップの中にはコインが 1 枚入っています。テーブル上には 3 枚のコインがあります。

　左手でテーブルから 2 枚目のコインを取り上げます。
　コップを持った右手を右方向に伸ばし、右手の肘の所に左手のコインをこすりつけつつサム・パームします。同時に右手の力を緩めてフィンガー・パームのコインをコップの中に落とします。コインが右肘からコップに移動したように見えます（**図 13**）。

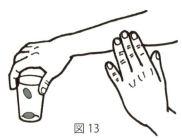

図 13

　右手を正面に持ってきて、コップの中のコインを示します。この間に左手のサム・パームのコインをダウンズ・パームに移します（**図 14 ～ 16**）。

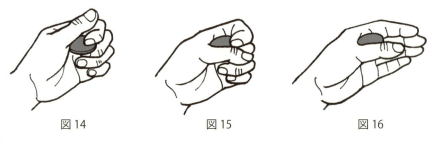

図 14　　　　　　　図 15　　　　　　　図 16

<3枚目のコイン>

現在の状態:左手にコインをダウンズ・パームしています。右手にコップを持っています。コップの中にはコインが2枚入っています。テーブル上には2枚のコインがあります。

右手のコップを左手に渡します。左手はコップの口の所を親指と中指で保持し、薬指と小指をコップの側面に当てます。人差し指が自由になっていることに注意して下さい（図17）。

左手を左方向に伸ばしますが、人差し指の先端を親指に付けてダウンズ・パームされたコインをカバーします（図18）。同時に右手でテーブルから3枚目のコインを取り上げます。

図17

図18

左手は手のひらが観客側に向いたら、人差し指を伸ばします。観客にはコップだけを持っているように見えます（図19）。この時にダウンズ・パームされたコインがコップの縁から半分程コップ中側に出ているようにして下さい。

右手のコインを投げ上げる動作でダウンズ・パームします（図20）。

図19

図20

視線は投げ上げたコインを追い、左手のコップまで持ってきます。
少し間をとってから、左手は動かさずに手の力を緩めることにより、ダウンズ・パームのコインをコップの中に落とします。空中からコインがコップの中に落ちてきたように見え、大変効果的です。
左手を正面に持ってきて、軽くコップを振ってコップの中のコインを示します。

＜4枚目のコイン＞

現在の状態：右手にコインをダウンズ・パームしています。左手にコップを持っています。コップの中にはコインが3枚入っています。テーブル上にはコインが1枚あります。

左手のコップを右手に渡します。先ほどと同じように、ダウンズ・パームしているコインが見えないようにしながら右手を右方向に伸ばします。
左手でテーブルから4枚目のコインを取り上げます。
少し頭を下げ、左手のコインを頭の上に持ってきてコインを置きます。観客には頭頂部にコインをのせたように見せますが、実際は親指でコインを後頭部に持ってきます（図21）。
そのまま親指を離すとコインは襟元に落ちてきます（図22）。

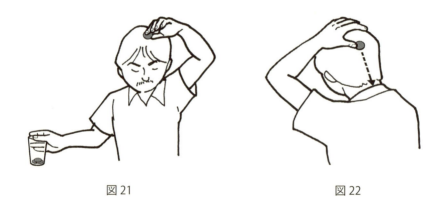

図21　　　　　　　　　　　図22

右手を頭から離し、頭を素早く上方に上げることにより、頭頂部のコインを投げ上げた（？）ように見せます。
視線を右手のコップに送り、少し間をとって右手のダウンズ・パームのコインをコップの中に落とします。
頭の上からコップにコインが見えない飛行をしたように見えます。
コップのコインをテーブルに開け、4枚のコインを示して終わります。

備考

　4枚目のコインを襟元に落とすために襟付きのシャツが必要なわけですが、なれてくるとTシャツでも演技可能です。

　ダウンズ・パームを用いたコップへのコインの飛行は、大変不思議に見えるものです。コインを落とす時に手を動かさないことが重要です。

　私はこの手順の前後に、4枚のコインの出現と消失を組み入れて一連の手順としています。皆様も是非研究してみて下さい。

Section:1　カズ・カタヤマ

遅技でのコインの出現

　フィル・ゴールドスティン（マックス・メイビン）の名著『トランプの動物園』（マジックマガジン社/1982年）で、「オソワザ」という表現方法が記してありました。テクニックを前面に押し出すものでなく、魔法のような表現で何もしていないように見せるというものです。テクニックで構成しているのに、それを感じさせないということに、当時衝撃を受けたものです。コインマジックで、この「オソワザ」を取り入れてみようと構成したのが、以下の手順です。

現象
　空中から見えないコインをつかみ取り、振っていると見えるようになります。
　同様に2枚目、3枚目のコインを取り出します。
　3枚目に出現したコインは、分裂して2枚になります。

必要な物
・大き目のコイン　1ドル銀貨など　4枚

使用するテクニックについて
〈アングル・フィンガー・パーム（略称 AFP）〉
　通常のフィンガー・パームに角度をつけることで、特にラムゼイ・サトリティを効果的に見せることができます。
　コインを中指の第一関節と、第三関節ではさんで保持します（**図1**）。
　人さし指を手前に出すことで、コインの上側の縁を少し手前に倒します。コインは斜めになり、中指で保持されることになります（**図2**）。

図1

図2

親指と人さし指で何かをつまむ形にすると、手のひら側を見せてもコインは三指で隠されて見えません。**図3**を見てください。エッジ・グリップと同様の効果を得られるわけです。

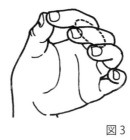

図3

　通常のフィンガー・パームから、親指でコインを中指の位置に押し上げることで、AFPにスムーズに移行できます。
　クラシック・パームから中指の上にコインを落とし、直ちにAFPに移行することもできます。

〈マルチプル・エッジ・グリップのテクニック〉
　4枚のコインを重ねて、右手にエッジ・グリップで保持します（**図4**）。
　親指で重ねたコインを少し人さし指側にずらします。すると、親指の力を緩めることで、下から1枚ずつコインを落としていくことができます（**図5**）。

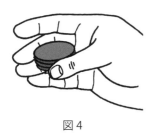　　　　　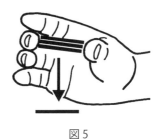

　　図4　　　　　　　　　　　　　　図5

準備
　右手に4枚のコインを重ねてカール・パームで保持しておきます。

手順
〈1枚目のコイン〉
　右手を右前方に伸ばして、親指と人さし指で何かをつかみ取った動作をします。

ここで、カール・パームの特性をいかして、右手を観客に見せるようにします（図6）。

左手を開いて、右手でつかみ取った物を左手の手のひら中央に置く動作を行ないます。

左手の手のひらを示して、見えないコインがあると説明します。この間に右手のカール・パームのコインに親指を当てて、エッジ・グリップに移行します（図7）。

図6　　　　　　　　　　　図7

右手で、左手の手のひらの見えないコインをつまみ上げる動作を行ないますが、この時に、右手のエッジ・グリップの一番下のコインを、左手のフィンガー・パームの位置にひそかに落とします（図8）。左手は四指を軽く曲げてコインが見えないようにします。

右手で取り上げた見えないコインを示します。この時にエッジ・グリップのコインを再びカール・パームに移します。この間に、左手はコインをAFPに移します。

右手指先の見えないコインを、左手親指と人差し指でつまみ取る動作を行ないます（図9）。

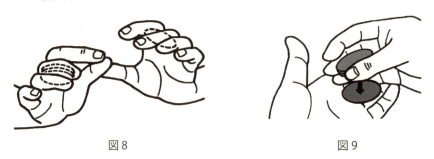

図8　　　　　　　　　　　図9

左手に観客の注目を集めるために、少し間を取ります。

次のようにして、左手を軽く上下に振りながら、AFPのコインを指先に出現させます。

遅技でのコインの出現

　人差し指と親指で、図 10 のようにパームしているコインの縁をつまみます。
　中指をコインから離し、親指と人差し指でつまんでいる縁と反対側の縁に当て、図11のように中指の先でコインを回転させるように押し上げて、出現させます。『見えないコインを振っていると、見えるようになる』というイメージで行なってください。

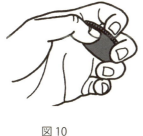

図 10

図 11

　左手のコインを示しますが、この時に 1 枚のコインしか持っていないことを印象付けるようにします。
　左手の親指と人差し指で、コインを持って手のひらを上に向けます。
　左手のコインを示している間に、右手はカール・パームのコインをエッジ・グリップに移します。
　右手で、左手指先のコインを取りにいきますが、この時にエッジ・グリップの一番下のコインを左手に落とします（図12）。
　右手の親指と人差し指で左手のコインをつまみ取る時に、エッジ・グリップのコインをカール・パームに移します（図13）。
　右手のコインをテーブルに置きます。左手のコインを AFP に移行させます。

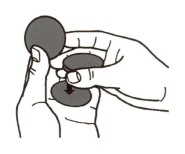

図 12

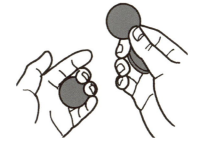

図 13

⟨2枚目のコイン⟩

　コインをパームしている左手で、空中から見えないコインをつかみ取った動作を行ない、前記と同じ手法で『見えないコインを振っていると、見えるようになる』現象を行ないます。

　左手で出現したコインを示してから、右手でこのコインをつまみ取りますが、1枚目のコインの時と同様に右手のコインをカール・パームからエッジ・グリップに移行しつつ1枚のコインを右手から左手に落とします。

　右手にコインを取りながら、再びエッジ・グリップからカール・パームにコインを移しつつ、指先のコインを示します。

　左手のコインをAFPに移行させます。

⟨3枚目のコイン⟩

　右手は指先にコインを持ったままです。1枚のコインがカール・パームで保持されています。

　左手を右腕に持っていき、そこから見えないコインをつまみ取った動作を行ないます。

　左手はコインを指先に平らに置き、指先を観客に向けてコインが見えない角度で構えます（図14）。

　左手首を少し手前に傾けながら口元に持ってきます。

　この時に左親指でコインを指先に押し出します。手首を傾けているので、観客にはまだ観客に見えません（図15）。

　左手に息を吹きかけると同時に、手首をもどして左手を下げます。コインが見えるようになります（図16）。

図14　　　　　　　　図15　　　　　　　　図16

以上は『見えないコインに息を吹きかけたら見えるようになった』というイメージです。

右手のコインをテーブルに置いてから、右手で左手のコインをつまみ取ります。この時に前期と同様に右手コインを左手に落とします。

左手のコインを AFP に移行させます。

〈4 枚目のコイン〉

右手のコインを体の正面に持ってきます。

左手を右手のコインのところに持ってきます。

左手が右手のコインに触れる直前に、親指でコインの手前を押さえてコインの指先側を浮かします（**図 17**）。

右手のコインは左手のコインの浮かした縁と指先の間に入れます。同時に左手のコインを左親指で、右側に押し出します。動きを止めずに、右手は今左手から押し出されたコインの縁をつかみ、左手は右手で示していたコインの縁をつかんで、、ゆっくりと両手を離します（**図 18**）。コインが分裂して 2 つになったように見えます。コインが擦れて音が出ますが、動きを止めずに 2 枚のコインを見せるようにすると、分裂によって生じる音のように感じられるのです。

2 枚のコインをテーブルに置いて終わります。

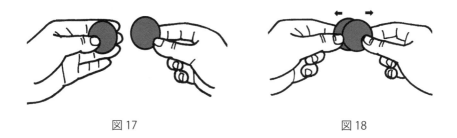

図 17　　　　　　　　　　　図 18

備考

1 枚目の出現はゆっくりと、2 枚目、3 枚目とテンポアップしていき、4 枚目の分裂をゆっくり見せることで締めとします。

ハーフ・ダラー 5 枚でこの手順を行ない、5 枚目のコインは最後までカール・パームしておくことで、この後に、ウィングド・シルバーや、コイン・トゥ・グラスに続けることもできます。

Section:1　カズ・カタヤマ

もっと高く！ Take me higher！

　アングル・フィンガー・パーム（AFP）がエッジ・グリップと同様の効果を生み出せるのならば、デビット・ロス氏の「High Flying Winged Silver」に生かせないだろうか？と考えて、構成した手順です。

現象
　4枚のコインが手から手に1枚ずつ飛行します。

必要な物
・大き目のコイン　1ドル銀貨等　5枚

準備
　右ポケットに5枚のコインを入れておきます。
　基本的にテーブルの後ろに立って演技するものとします。

手順
〈コインを示す〉
　右手でポケットから5枚のコインをひとまとめにして取り出し、コインを重ねたままで枚数が分からないように観客に示します。
　右手のコインを左手に全て投げ渡したように見せますが、1枚のコインを右手親指で押さえて右手に残します。右手はこのコインをフィンガー・パームします。
　左手は手のひらに4枚のコインを並べて示します。右手で、左手から1枚ずつコインを取り上げて、テーブル上に横一列に並べます。

〈1枚目のコインの飛行〉
　左手でテーブルの左端のコインをつまみ上げます。この動作で、左手が空であることをそれとなく示します。
　左手でコインを示している間に、右手はフィンガー・パームのコインをエッジ・グリップに移します。

左手のコインを右手で取り上げますが、先に解説した『遅技でのコインの出現』の手法で右手にエッジ・グリップで保持したコインを左手にひそかに落とします。
　右手は親指、人差し指、中指でコインをつまんで示します。
　左手はコインを AFP に保持します。
　左手で、テーブルから 2 枚目のコインを取り上げて示します。AFP で隠したコインは観客に見えないように注意します。
　左手のコインを右手に渡して、先のコインと一緒に右手指先に広げて見せます。
　同様にして、3 枚目、4 枚目のコインを左手で取り上げて、右手指先に渡していきます。右手は 4 枚のコインを広げて指先に持ちます。それとなく右手に 4 枚のコインしか持っていないことを示します。
　ここで、両手のひらを観客に見せますが、左手はラムゼイ・サトリティでコインを隠します（**図 1**）。

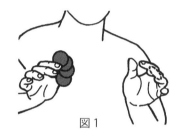

図 1

　両手を手のひらが下になるように返して、拳に握ります。右手は 4 枚のコインを握り込むわけですが、1 枚のコインをクラシック・パームします。
　右手から左手に、コインが移動するようなマジカル・ジェスチャーを行ないます。
　両手の拳を手のひらが上になるように返します。

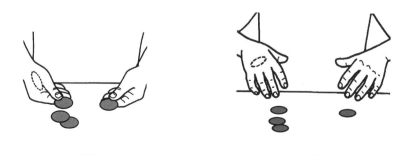

図 2　　　　　　　　　　　　　　図 3

右手は親指で1枚ずつコインを押し出して、3枚のコインをテーブルの右側に置いていきます。クラシック・パームされたコインはカップス・サトリティで観客から見えないように注意します。同時に左手は右手と同じ形で、1枚のコインを親指で押し出してテーブルの左側に置きます（**図2**）。
　コインを置いたら、両手は手のひらを下にして力を抜きます（**図3**）。

〈2枚目のコインの飛行〉
　左手で、今飛行したコインを親指と人差し指でつまんで取り上げます。この間に右手のクラシック・パームのコインをエッジ・グリップに移します。
　左手のコインを右手に取りますが、この時に右手のコインを左手にひそかに落とします。
　右手のコインを示している間に、左手はコインをAFPに保持します。
　左手はコインをラムゼイ・サトリティで隠しつつ、手の平を上にして開きます（**図4**）。右手のコインを左手の手のひら中央に置きます。

図4

　左手を拳に握ります。この時にコインがぶつかって音がしないように気をつけてください。
　右手でテーブルの3枚のコインを取り上げ、広げた状態で右手指先に持って示します。
　右手はコインを握り込んで拳にします。この時に1枚のコインをクラシック・パームします。
　マジカル・ジェスチャーを行ないます。
　1枚目のコインの時と同様に、両手拳を上にして両手からコインを2枚ずつ押し出します。左手のコインはテーブルの左側、右手のコインはテーブルの右側です。右手は1枚のコインをクラシック・パームしているので、これをカップス・サトリティで隠します。
　両手の平を下にして、力を抜きます。

もっと高く！　Take me higher！

〈3枚目のコインの飛行〉
　左手で、左側の2枚のうち1枚のコインを取り上げます。この間に右手のクラシック・パームのコインを AFP に移します。
　左手のコインを右手の親指と人差し指でつまんで取ります。
　左手はテーブルの左側のもう1枚のコインを取り上げます。
　左手のコインを右手のコインと重ねて、右手指先に2枚のコインを広げて持って示します。AFP で、コインが隠されているので、右手には2枚のコインだけが持たれているように見えます。
　左手を開いて観客に示します。
　右手を開いた左手の上に持ってきて、指先の2枚のコインを左手に落とし入れたように見せますが、AFP で保持しているコインも一緒に落して、ただちに左手を握ります（図5〜図6）。観客からは、2枚のコインだけを左手に入れたように見えます。

図5　　　　　　　　　　　　　図6

　右手でテーブルの右側の2枚のコインを指先でつまんで取り上げ、AFP でコインを隠している時と同じような形で示します。
　右手のコインを握り込んで拳にしますが、1枚のコインをクラシック・パームします。
　マジカル・ジェスチャーを行ないます。
　先ほどと同様に、両手拳を返して両手からテーブル上にコインを押し出します。左手から3枚、右手から1枚のコインを現します。左手のコインはテーブルの左側、右手のコインはテーブルの右側です。右手はクラシック・パームしているコインをカップス・サトリティで隠します。
　両手のひらをしてにして、力を抜きます。

〈4枚目の飛行〉
　左手でテーブルの左側の3枚のコインのうち1枚のコインを取り上げます。

この間に右手のクラシック・パームのコインを AFP に移します。

　先程と同様に、左手のコインを右手指先につまんで取り、続けて2枚、3枚と左手でテーブル左側のコインを取り上げて、右手指先に渡していきます。

　右手は3枚のコインを広げて持って示しますが、AFP でもう1枚のコインを隠しています。

　左手を開いて手のひらを上にして示し、先程と同じように右手の3枚のコインを左手に落とし込んで右ってように見せますが、AFP のコインも一緒に左手に握ります。

　右手でテーブルに残った1枚のコインを握り込んで拳にしますが、このコインをクラシック・パームにもってきます。

　マジカル・ジェスチャーを行ないます。

　両手拳を返して、コインを押し出していきます。左手からは4枚のコインをテーブルの左側に1枚ずつ押し出していきます。同時に右手はコインを出しませんが、左手と同じようにコインを押し出す動きを行ないます。クラシック・パームのコインはラムゼイ・サトリティで隠します。

　両手のひらを下にして、力を抜きます。

　左手でテーブルの1枚のコインを取り上げます。この間に右手のクラシック・パームのコインを AFP に移します。

　左手のコインを右手指先につまみ取ります。

　続けて、2枚目、3枚目、4枚目と、コインを左手で取り上げて右手に渡していき、右手指先で4枚のコインを広げて1枚を AFP で隠して示します。

　右手のコインを握り込んで、右ポケットに片付けて終わります。

備考

　意図的にシャトル・パスを用いないように組み立てた手順であり、「オソワザ」で見せるコイン・アクロスです。

　1枚目の飛行は比較的ゆっくりと演技し、徐々にテンポアップしていくように見せます。

　「遅技でのコインの出現」から続けて行なう場合は、出現したコインを観客に調べてもらい、その間に5枚目をスチールしてくるようにします。

出現と貫通

　このマジックはショースタイルのクロース・アップ＆サロンのオープニングとして、使用しているものです。

現象
　4枚のコインを次々と出現させて、手の甲を貫通させます。

必要な物
・ハーフ・ダラーもしくはワン・ダラー4枚

準備
　右手に4枚のコインをカール・パームで保持しておきます（図1）。

図1

手順
　左手の手のひらを開いて、「ここに見えないコインがあります」と言い、観客に示します（図2）。

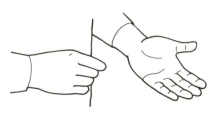

図2

図3のように左手の手のひらから右手で見えないコインを取り上げにいきますが、この時に右手にカール・パームされているコインをエッジ・グリップに移し、1枚のコインを左手に落とします（図4〜図5）。これは先に解説した「遅技によるコインの出現」で、用いたテクニックです。

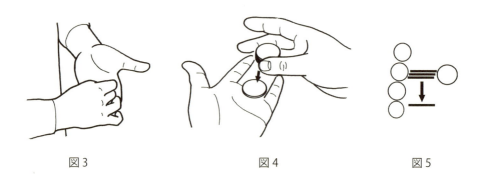

図3　　　　　　　　　図4　　　　　　　　　図5

　右手はコインを再びカール・パームに移して、指先につまんだ見えないコインを示します。左手は四指を軽く曲げて、コインが観客に見えないようにします。図6で観客から見た様子を示します。
　左手の手のひらを下にして、右手指先の見えないコインを、左手に握り取ります。この時、図7のようにラムゼイ・サトリティを用いて左手のコインが見えないようにします。

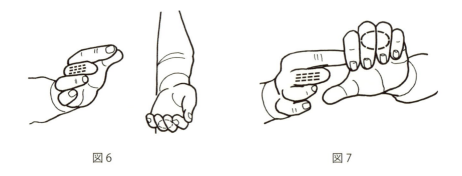

図6　　　　　　　　　　　　　　図7

　左手を手のひらを上にして開いて、見えないコインが見えるようになったのを示します（図8）。

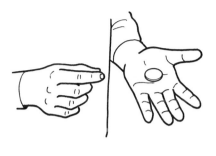

図8

　左手の手のひらのコインを、右手指先で取り上げにいきますが、このときに右手のコインをエッジ・グリップに移し、さらにその3枚のコインを重ねたままで、左手中指ではさんで取ります（**図9～図12**）。

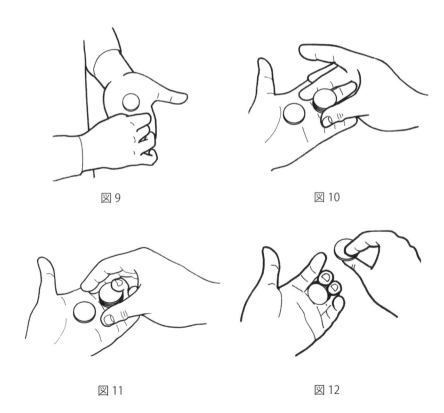

図9　　　　　　　　　　　　　図10

図11　　　　　　　　　　　　図12

右手は取り上げたコインを観客に示します。左手の四指を曲げて、中指ではさんだコインが観客に見えないようにします（図13）。

左手は軽く握った拳にして、甲が上になるように返し、右手のコインを置きます（図14）。

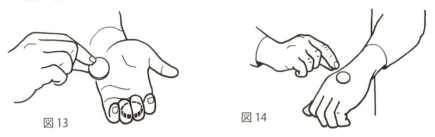

図13　　　　　　　　　　図14

右手四指を伸ばして左手のコインの上に置き、左手甲の上でコインを回転させてすり込む動作を行ないます（図15）。このときに、右手四指の影で、親指を使ってコインを滑らせて、左手親指と人差し指の間から左手の中に入れてしまいます（図16～図17）。このコインは左手の親指と曲げた人差し指ではさんで保持します。

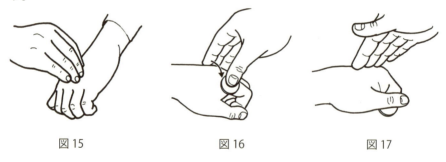

図15　　　　　　図16　　　　　　図17

左手の甲の上で右手を開いて返して見せて、コインが消えているのを示します（図18～図19）。コインが左手の甲を通り抜けたように見えます。

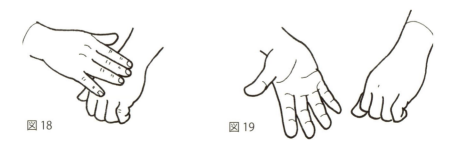

図18　　　　　　　　図19

ここで、次のように手の甲を示しながら、コインを右手にスチールします。
　左向きになり、右手の人差し指で左手の甲を指し示して（**図20 ～図21**）、「ここから手の中を通り抜けていきました」と言いながら、右向きになり右側の観客に示します。この時に両手が重なるので、右手の薬指と小指で左手の親指と人差し指で保持しているコインをはさんで、右手に取ります（**図22 ～図24**）。

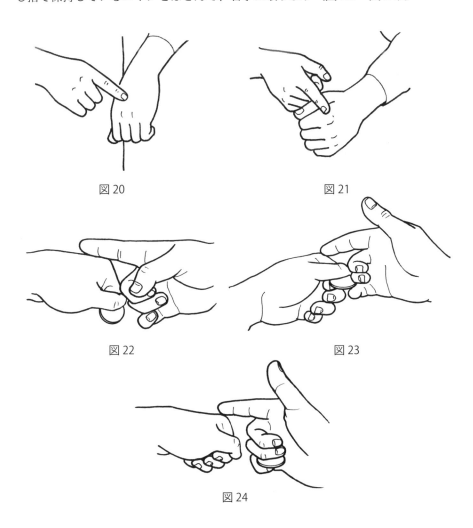

図20　　　　　　　　　　　　　図21

図22　　　　　　　　　　　　　図23

図24

　再び左向きになり、両手を離します（**図25**）。
　右手にスチールしたコインを、フィンガー・パームに移し、空中から出現させます（**図26**）。

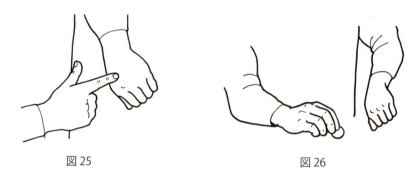

図25　　　　　　　　　　　図26

出現したコインを左手拳の甲に当てますが、コインを手の甲にのせる瞬間に、サム・パームして、四指を伸ばして刷り込む動作をします（**図27～図28**）。

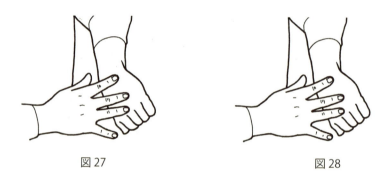

図27　　　　　　　　　　　図28

右手を左拳から話して、コインが消えているのを示します。
　再び右手のサム・パームされたコインを空中から取り出したように見せます。
　このコインは左手の甲に垂直に当てます（**図29**）。そのままコインを押して、右手の中にコインを押し込み、手の甲を貫通させたように見せます（**図30～図31**）。

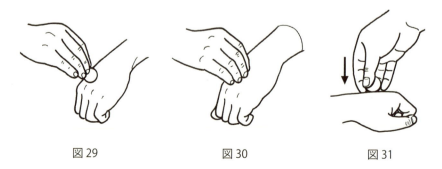

図29　　　　　　図30　　　　　　図31

右手はコインを左肘のあたりから出現します（**図 32**）。

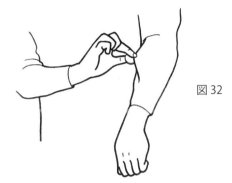

図 32

最初のコインと同様に、右手のコインを左手の甲に刷り込む動作をして（**図 33**）、右手の四指の陰でコインを左手拳に入れます（**図 34**）。

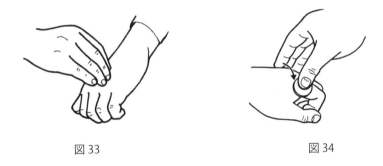

図 33　　　　　　　　　　　図 34

右手を開いて見せて、コインが消えていることを示します（**図 35 〜図 36**）。「何枚のコインが貫通したでしょうか？」と観客に聞きます。

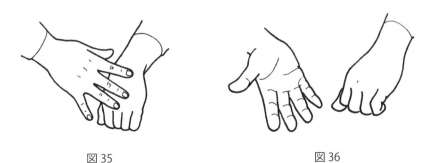

図 35　　　　　　　　　　　図 36

「そう、4枚です」といって、左手を開いてコインが4枚あるのを示します（図37）。

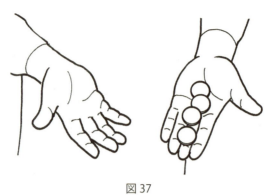

図 37

ハンカチの中で消えるコイン

　コインマジックのオチとして使える消失現象であり、舞台のボール・マニピュレーションの手法を応用した手法です

現象
　4枚のコインをハンカチの中に入れて、一振りすると消え失せてしまいます。

必要な物
・紳士用ハンカチ
・複数枚のコイン　ここではハーフ・ダラー4枚を用いることとします。
・口幅30ミリ程の目玉クリップ（図1）

図1

準備
　ハンカチの一端に目玉クリップをはさみ、ハンカチをたたんでポケットなどに入れておきます（図2）。
　ハーフ・ダラー4枚はテーブルに置きます。

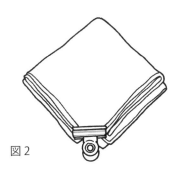

図2

手順

クリップの端を右手で持ち、ハンカチを広げて示します（図3）。

左手にハンカチを掛けます（図4）。この時に右手にクリップを取り、フィンガー・パームに保持します（図5〜図6）。

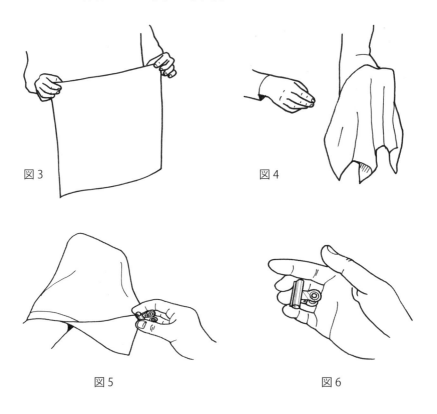

図3

図4

図5

図6

右手でテーブルの4枚のコインを取り上げ、ファンに開いて示します（図7）。右手のコインとクリップを一緒にハンカチに投げ入れます（図8）。

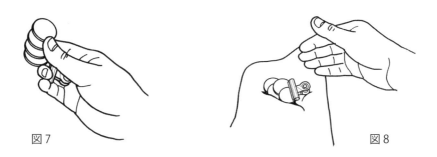

図7

図8

再びハンカチから4枚のコインだけを右手で取り上げます。この時にクリップの向きを調整し、ハンカチの下の左手で、クリップを開けるように持ちます（**図9**）。

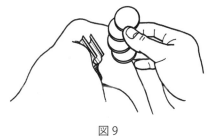

図9

右手のコインをハンカチの上に一列に並べるように置きますが、4枚ともクリップにはさみます（**図10〜図11**）。

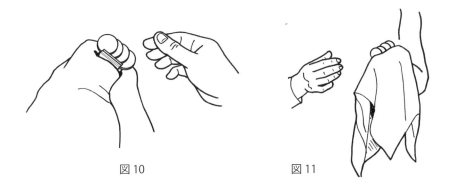

図10　　　　　　図11

広がっているコインをそろえて、ハンカチの中に押し込みます（**図12**）。

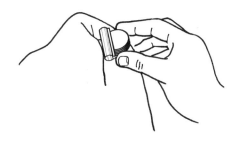

図12

右手でハンカチの手前の端をつかみます（**図13**）。同時にクリップにはさんだコインを、右手に落とします（**図14～図15**）。

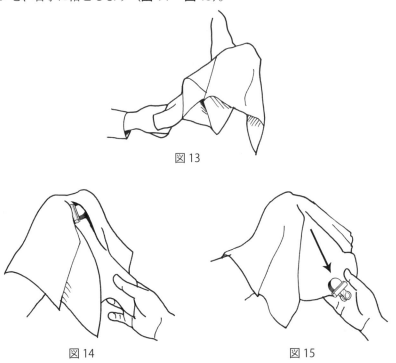

図13

図14　　　　　　　　図15

右手でハンカチを引いて、左手から取ります（**図16**）。コインが消えたように見えます。

両手でハンカチを広げて見せます（**図17**）。

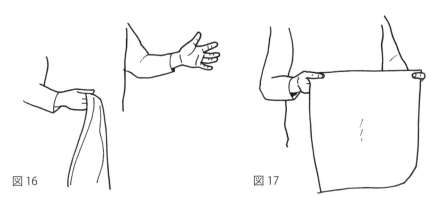

図16　　　　　　　　図17

両手でハンカチの辺を引っ張って見せる時に、コインを右手から左手に投げ渡します（図18〜図20）。

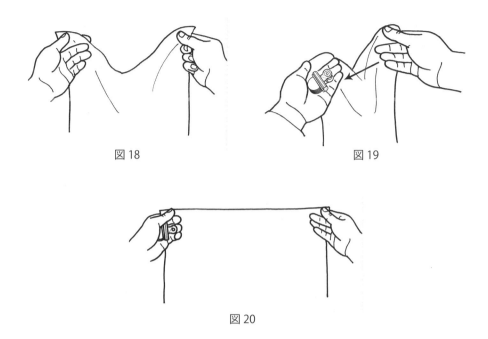

図18　　　　　　　　　　　　　図19

図20

コインを持っている左手の上にハンカチを掛け、右手を開いて空であることを見せます（図21）。

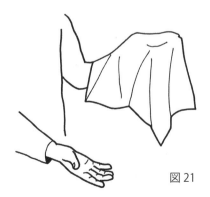

図21

右手でハンカチを取りに行きますが、この時にハンカチの下で、左手のコインを右手に落とします（図22〜図23）。

Section:1　カズ・カタヤマ

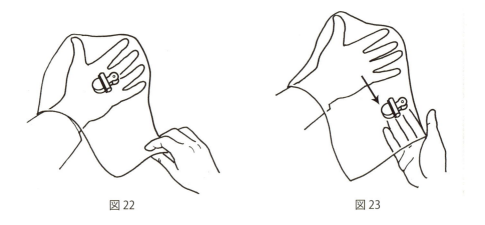

図22　　　　　　　　　　　　　　図23

　右手でハンカチをつかんで左手から取り（**図24**）、左手も空である事を示します。
　右手のハンカチと、隠されたコインを一緒に丸めて、片付けます（**図25**）。

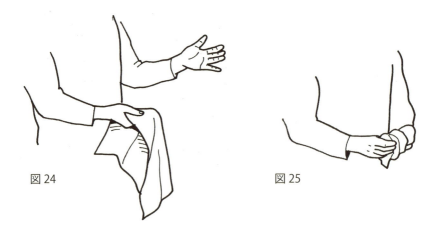

図24　　　　　　　　　　　　　　図25

コップの中の悪夢

　その昔、ボブ・カーバー＆ヘン・フィッチ両氏の作による「教授の悪夢」をカレル・フォックス氏が"観客の手の中で長さが変化する"という演出で演じているのをNHKの「世界のマジックショー」で見ました。私は、その演出が大変気に入り、しばらくあちこちで演じていたのです。クロースアップで演じるにはこれで問題はないのですが、さらに大人数の前でも、視覚的に見せることはできないかとと考えて、中の見えるコップに入れるという方法を思い付きました。複数の観客を参加させることが出来るので、オープニング前の前芸や、ショーの間に軽いタッチで行なうと大変効果的です。

現象

　3本の同じ長さのロープを示して、透明なコップの中に入れます。術者は何もしていないのに、コップの中で3本のロープは長、中、短の3種類に変わってしまいます。

必要な物

・「教授の悪夢」（いわゆる3本ロープ）用の3本のロープ
　私が用いているのはステージ用のもので、ロープが太さ約8ミリ、短25センチ、中90センチ、長155センチです。
・大きめの透明コップ
　口径9センチ、高さ14センチのアクリルのものを用いています。

準備

　標準的な『教授の悪夢』の方法で3本のロープが同じ長さになるように組み合わせます。図1を見て下さい。
　このロープの両端を結んで結び目を作ります。長のロープと短のロープがからげてある箇所が結び目に隠されて同じ長さの3本のロープの両端を結んであるように見えます。この時に長短のロープが組み合わされている方が分るように、図のように仕掛けの無い方は、結び目から出ている端の長さを短くしておきます。
　用意したロープをコップの中に入れておきます。

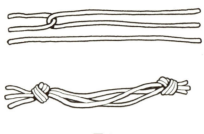

図1

手順

　ロープの入ったコップを取り上げて、中からロープを取り出し、コップをテーブルに置きます。
　ロープの仕掛けの無い方の端をほどいて、3本バラバラであることを見せます。
　続いて仕掛けてある方の端をほどき、左手に持ちます。ここで標準的なフォールス・カウントで3本がバラバラであるように示します。以下に簡単に説明します。

　左手の親指でロープの端（折られた短の両端と中のロープ）をはさんで持ちます。この時中のロープが一番指先にあるようにします。
　右手の人さし指と中指で中のロープの端をはさみ、右方向に取り1本と数えます。
　続いて2本目のロープを取りに行きますが、右手の人さし指と中指ではさんで保持している中のロープを、左手の人さし指と中指に戻します。同時に右手の親指と人さし指で左手の2本（短のロープ）のロープをつかみ、これを右方向に取り2本と数えます。右手の1本と左手の2本を入れ替えるわけです。
　左手に残った中のロープを右手の親指と人さし指でつかみ、右方向に取り3本と数えます。

　右手に持っているロープを左手に渡します。このときに中のロープを親指の根元にくるようにし、短のロープと長のロープが組合わさった箇所を、左親指で隠します。
　右手で下がっているもう一方の端をそろえて、親指ではさんで持ち、**図2**のように左向きになって観客に示します。
　「このロープはよく見ると少しずつ長さが違います。ほんの少しの違いですが、長いのと中くらいのと短いのがあるのです」

コップの中の悪夢

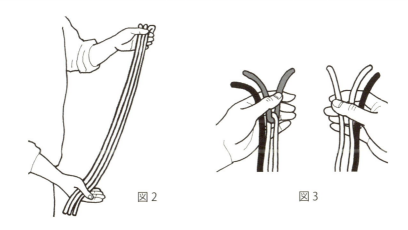

図2　　　　　　　　図3

　このように説明したら、右手で持っている端を左手に渡すために両手を近付けます。この時に、左手は一番指先にある1本（短の一方）を、右手も指先にあるはずの長のロープの一方を図3のようにそれぞれ他の2本と分けて持ちます。
　両手が合わさったら、右手指先の分けた端を、左手親指で引いて左手に取ります。同時に右手の人さし指と中指で左手指先の分けた端をはさんで取ります。図4がこの時の様子です。そのまま左手の人さし指と中指を開いて、右手に持っている端をすべてここにはさみます。この動きは右手の甲に隠されて観客からは見えません。図5を見て下さい。右手を左手から離して、正面に向きます。観客には単に右手に持った3本の端を、図6のように左手の人さし指と中指の間にはさんだように見せるわけです。

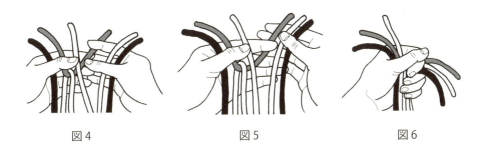

図4　　　　　　　図5　　　　　　　図6

　右手でコップを取り上げます。図7のように左手のロープの中央部をまずコップの中に入れます。続いて左手をコップの口に近付けて、人さし指と中指ではさんでいる端をコップの中に落とします。この時に少し右手でコップを振って、ロープがスムーズにコップに入るようにします。最後に右手に持っているロープの端をコップの縁から右、中央、左と3本を分けてたらします。図8を見て下さい。

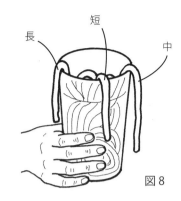

図7　　　　　　　　　　　図8

　以上の動作を正確に行なうと、観客から見て右側が中のロープ、中央が短のロープ、左側が長のロープになっています。
　「ここで問題です、3本の端のうちどれが一番短いロープだったでしょう？」と観客に尋ねます。観客が何と答えようと、「正解は中央のロープです。」と言って観客の一人にコップから出ている中央の端を引っ張ってもらいます。短いロープになっているので観客は笑い出すでしょう。
　「こちらは中ぐらいの長さのロープです。」と言って、観客から見て右側のロープを別の観客に引っ張ってもらいます。
　「そして最後は長いロープです。」と言って、最後の長いロープを前の2人とは別の観客に引っ張ってもらいます。予想外に長いロープなので、また観客は笑い出すでしょう。
　それぞれの観客にロープを調べてもらい、「意外と人間の目は信じられないものですね。」と言って終わります。

備考
　この後、ロープを回収して通常の「教授の悪夢」の手順で同じ長さに戻すことも出来ます。そうして同じ長さになった3本の両端を、再び結んでコップの中に入れれば、リセット完了となります。

Section:2
ヒロ・サカイ

　クロースアップからイリュージョンまで、幅広いレパートリーを持ち、デビッド・カパーフィールドのテレビ番組にオリジナルアイディアを提供するなど、クリエーターとしても国際的に評価されている。

　厚川昌男賞（第1回）、石田天海賞（第26回）の両賞を受賞した唯一のマジシャンである。

　メディアでは、Dr.レオンという名で活躍し、国内外のテレビ番組に多数出演。トップアーティストのコンサート演出も数多く手がけている。

Section:2　ヒロ・サカイ

フィスト・ピース

　プロのマジシャンにとって、酒席の多い夜の現場では、長々とした手順よりも小粋な小品奇術のほうが、受け入れられる場合があります。
　ヒロ・サカイ氏の実際のレパートリーから、素敵な小品を提供していただきました。

現象
　術者は観客から10円硬貨と100円硬貨を借り、この2枚を手の中に握ります。
　観客に術者の手の中から1枚のコインを取り出してもらいます。
　そのコインと手の中に残ったコインが、目の前で一瞬に入れ変わります。

準備
　あらかじめ100円硬貨を、右手にクラシック・パームしておきます。
　このマジックは、少人数相手に至近距離で見せるのが最も効果的です。観客の一人に術者の正面に位置してもらい、この観客に対して演技を始めます。

手順
　観客から10円硬貨と100円硬貨を借ります。
　右手で2枚の硬貨を取り上げ指先で持ちます。
　「右手をこのように手のひらを上にして出してください」
　術者は左手を手のひらを上にして広げて示します。
　観客が、右手を出し始めたら、右手指先の10円硬貨をクラシック・パームしている100円硬貨とパーム・チェンジします。図1～4はこの時の動きを示しています。

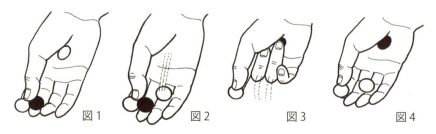
図1　　　　図2　　　　図3　　　　図4

フィスト・ピース

　右手の 2 枚の 100 円硬貨を左手に渡して握ります、この時、2 枚とも 100 円硬貨であることを見せないように注意してください。

「左手で、このように私の手の中からどちらか 1 枚のコインを取り出して下さい。」
と言い、右手親指と人差し指を左手拳の親指側に当てます。右手のひらを上になるように返しながら親指と人差し指を左手拳に少し差し込み、拳の中からコインを引き出す動作をします。図 5 のように 10 円硬貨はカップス・サトリティで隠され観客には見えません。

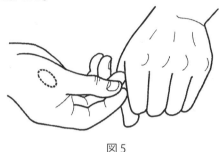

図 5

　右手を左手より離し、左手を観客の方に差し出し、拳の中から 1 枚のコインを取り出してもらいます。左手の中のコインは 2 枚とも 100 円硬貨なので、観客 はどちらのコインを選んでも 100 円硬貨を取り出すことになります。
　観客がコインを取り出している間に、右手のクラシック・パームのコインを指先に落とします。そして、右小指と薬指の間にバック・ピンチ（テンカイ・ピンチ）で保持し、右手の手のひらを広げます。これは図 6 ～ 8 の様に行ないます。

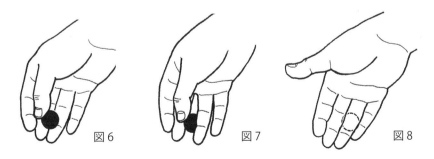

図 6　　　　　　図 7　　　　　　図 8

左手の人差し指を伸ばして右手の手のひら中央を示し、
「取り出したコインを私の手のひらに置いて下さい」
と言います。

観客が100円硬貨を右手の手のひらに置いたら、
「あなたが選んだのは100円硬貨ですね」
と言いながら左手の人差し指をのばし、100円硬貨を右手のクラシック・パームの位置に押し付けます。図9はこの時の状態を示しています。
「私の手の中に残っているのは10円硬貨です」
と言い、左手の拳を少し上げて強調します。
あなたの右手を観客の右手の上に持ってきます。
「良く見て下さい」と言い一瞬間を取ります。
右手を返して、手のひらの100円硬貨をクラシック・パームで保持し、同時にバックピンチしていた10円硬貨を観客の手の上に落とします。図10を見て下さい。観客には術者の手のひらの100円硬貨を観客の手の上に落としたら、瞬間的に10円硬貨に変化したように見えます。

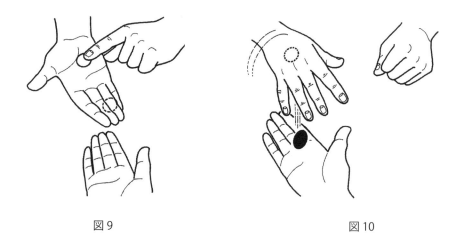

図9   図10

ゆっくりと左手拳を開き、手の中の100円硬貨を示します。
2枚のコインを観客に返して終わります。

ヒロ・サカイからのコメント

シルバー＆カパーの交換現象のこの手順は、オリジナル色は強くありませんが、僕自身が演じやすいように組んだもので、一般の友人にプライベートなどで演じています。本来この種のマジックは、観客に2枚の100円硬貨を握らせてしまうのが理想的ですが、漏れの問題やその観客をコントロールする環境でないときでも可能なようにしてあります。

ノン・フォーチュン・テーリング

　非凡な発想の見本のようなマジックであり、通常のマジック思考では到底生み出せないような現象です。ある意味観客に対して、『楽しませたい』というサービス精神がこのような楽しくも、不思議な現象を作り上げたのでしょう。視覚的に補強された駄洒落ともいうべき強烈なマジックであり、マニアにも一般人にも、大変喜ばれる作品となっています。

現象
　術者は一種の相性占いのようなことをしてみると言い、1組のカードを取り出し、観客に2つの山に分けてもらい、それぞれ半分ずつ持ちます。
　おたがいパック（山）をシャッフルして、それぞれ自由に1枚ずつカードを取り出し、交換します。
　この2枚のカードを表向けると、同じ色のキングです。
　再びパックをシャッフルして、それぞれ1枚ずつのカードを取り出します。
　この2枚のカードも表向きにすると、同じ色のキングです。
　術者と観客は、偶然にも4枚のキングを取り出したことになります。
　「占いだと私とあなたの相性は、ばっちりです。しかしこのトランプは、ウラナイではなく裏ばかりなのです」
　と言ってカードを見せると、術者のカードも観客のカードもすべてダブル・バック・カードであり、まさに裏ばかりなのです。

必要なもの
・ダブル・バック・カード　50枚
・キング　4枚
　上記ダブル・バック・カードと同じ裏模様の4種のキング
・ジョーカー　1枚
　ダブル・バック・カードと同じ裏模様

準備
　ダブル・バック・カード50枚のトップに普通のキング4枚をのせます。

この時キングは赤黒2枚ずつにそろえてください。このデックのボトムにジョーカー1枚を置きます。
　このように用意したデックを、ケースに入れておきます。

手順
　ケースよりデックを表向きに取り出し、左手ディーリング・ポジションに持ちます。ケースはテーブル上に置きます。
　ジョーカーを示しながら、
　「良く間違われることがあるのですが、こちらの絵の書いてある方がトランプの表であり、こちらの模様の書いてある方が裏です」
　と 説明しながら、ジョーカーを右手でとり、左手はダブル・バック・カードの表が見えないようにデックを返し、一旦デックをテーブルに置きます。右手のジョー カーの裏表を見せます。
　ジョーカーをケースにしまい、ケースは脇にどけます。
　ここまではそれとなくデックが普通であるように示しつつ、オチに対する伏線も張っているわけです。

　テーブル上のデックを、観客に中央あたりから2つに分けてもらいます。
　術者は4枚のキングがのっているトップの方のパケットを取り上げ、残りのパケットを観客に取り上げてもらいます。
　「私と同じようにして下さい。まずこのように表を見ないでまぜてください」
　と言いながら、パケットのトップの4枚のキングの位置を崩さないようにゆっくりとフォールス・シャッフルを行ないます。観客にもパケットをまぜてもらいます。
　最終的に術者はパケットのトップのキング1枚をスリップ・カットによりパケットの中央に移し、このキングの上に左小指でブレイクを作りつつパケットをそろえ左手に持ちます。
　「このように好きなところから1枚のトランプを突き出して下さい」
　パケットを両手で広げてブレイクの下のカードを図1のようにアウトジョグしてファンから突き出させます。これはキングです。パケットをそろえて、1枚のカードがパケットから突き出た状態で左手に持ちます。図2はこの時の状態です。
　観客にも同じように、パケットから1枚のカードを突き出させます。
　術者のパケットから突き出ているカードを右手で抜き取り、観客のパケットのトップにのせます。

ノン・フォーチュン・テーリング

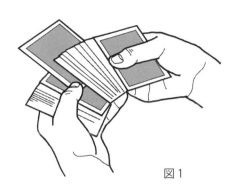 

図1　　　　　　　　図2

　観客にも同じように、突き出たカードを抜き取って術者のパケットのトップにのせてもらいます。これはダブル・バック・カードです。観客にカードの表が見えないように注意して、必要ならば術者がカードの操作をフォローするようにします。

　「お互いに好きなところからトランプを選びました。これであなたとの相性をみてみましょう」
　術者はパケットのトップから、ダブル・リフトを用いて2枚のカードを1枚のように表向きにします（**図3**）。ただちに表向きになったキング1枚をテーブル上に置きます。ここでのダブル・リフトはトップがダブル・バック・カードであるため、大変自然に行なうことができるはずです。

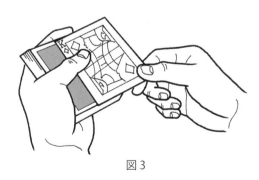

図3

　観客にもトップ・カードを表向きにしてもらいます。術者と観客のカードは、それぞれ同じ色のキングです。

「もう一度やってみましょう。トランプを軽くまぜます」
　オーバー・ハンド・シャフルの要領でパケットのトップから中央に2枚のカード（ダブル・バック・カードとキング）を1枚ずつ送り、2枚目のカード（キング）の上に左小指でブレイクを作りながら左手にそろえて持ちます。
　先程と同じようにパケットを広げ、ブレイクの下のカードをアウト・ジョグし、残りのデックをそろえて持ちます。
　観客にも同じようにしてもらい、お互いにアウト・ジョグしているカードを交換してパケットのトップにのせます。術者は再びダブル・リフトを用いてトップから2枚のカードを1枚のように表向きにしてキングであることを示し、キング1枚だけをテーブルに置きます。観客にもパケットのトップカードを表向きにして もらいます。再び同じ色のキングが出てきました。
「これが占いだと2人の相性はピッタリというところですが、このトランプは…」
　パケットをひっくり返して両面裏であることを見せます。
「ウラナイどころか裏ばかりなのです」観客のパケットも見てもらい、キング以外のすべてのカードが両面裏であることを示します。

ヒロ・サカイからのコメント
　この作品はオチを先行させて作ったもので、マニアに見せるとシオミ氏流の『ガクッ』的な反応もありますが、一般には駄洒落と現象が相まって強烈な印象をあたえるようです。是非、お試しを！

レッド・プリディクション

　観客が自由に選んだカードと、予言として置いてあった1枚のカードが一致する現象は、それこそ星の数ほどのやり方が考えられます。
　しかしながら、ここで紹介するヒロ・サカイ氏の方法は、実用的という点では群を抜いていると思われます。シンプルで、強烈な予言マジックをお楽しみください。

現象
　赤裏のカード1枚を、予言として卓上に置いておきます。
　青裏のデックを卓上にスプレッドして、観客に自由に1枚のカードを選んでもらいます。
　予言のカードと観客の選んだカードが、見事に一致します。
　任意の予言のカード1枚を用意するだけ、ノーギミック、ノーギャフ、ノーフォース、ノーさくら、ノーCG で、出来るシンプルな傑作です。

必要なもの
・青裏のデック　1組
・任意の赤裏のカード1枚

準備
　任意の赤裏のカードを、ポケット等に入れておきます。

手順
　ケースからデックを取り出します。
　ケースを横向きにしてテーブルに置き、観客に渡してシャフルしてもらいます。
　デックを受け取ります。
　何気なくデックを表向きで両手の間に広げて、用意した赤裏のカードと同じカードを探し、パスによりこのカードをデックのトップに持ってきます。

Section:2　ヒロ・サカイ

　デックを裏向きのディーリング・ポジションで持ち、ポケットより予言の赤裏カードを取り出して、一旦デックのトップに置きます。
　赤裏のカードが予言であるということを説明しながら、ダブル・リフトでデックのトップの赤裏カードと、その下の青デックのトップ・カード（表はどちらも同じカード）を1枚のように取り上げます。このカードの表は観客に見せません。
　取り上げた2枚のカードを1枚のようにして、カードケースの上に置きます（**図1**）。

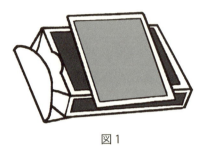

図1

　青デックをテーブル上に裏向きで、リボン・スプレッドします。
　テーブルに広げたスプレッドから、観客に自由に1枚のカードを選んで指差してもらいます。
　術者は表面を見せないようにスプレッドからこのカードを抜き取り、ケースの上に置いた予言のカード（2枚）の上にずらした状態で一旦置きます。
　右手ビドル・グリップで、ケースの上の観客のカードと予言のカード（ともう1枚のカード）をずらしたまま取り上げます。
　取り上げた2枚のカード（実は3枚）を左手ディーリング・ポジションに渡してそろえつつ、小指でボトム・カードをプルダウンし、このカードの上に右手人差し指を差し込みます（**図2**）。

図2

図3

右手の指先で、上から2枚目の赤裏カードを少し引き出します。
左手で、トップ・カードとボトム・カードを重ねたまま左前方に引き出します（**図3**）。
左手に持った2枚のカードを、1枚のように重ねたまま、次のようにして表向きに返します。
まず人差し指を外側に当て、中指、薬指、小指の三指でカードの左側を押さえて、左手の手のひらを大きく開きます（**図4**）。
親指をカードの下に入れて（**図5**）。
親指でカードを起こしつつ、カードを表向きにします（**図6**）。

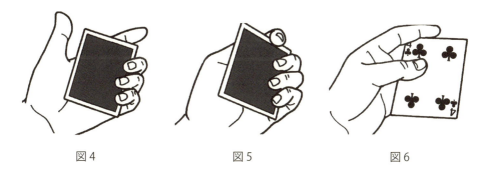

図4　　　　　　　図5　　　　　　　図6

外端から押さえている人差し指で、カードがずれるのを上手く補正している点に注意してください。単に1枚のカードをひっくり返すという動きに見えるよう、軽くカードを扱います。
右手の赤裏のカードも、同様の動きで、表向きに返し、2枚のカードが一致していることを示します。
右手のカードの右側で、左手のカードを裏向きに返します（**図7**）。
右手のカードを表向きのまま、左手のカードの上に置きます。

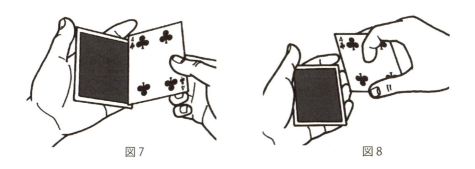

図7　　　　　　　　　　　　　図8

右手をビドル・グリップでパケットに掛け、左手のパケットの上から2枚のカード（表向きの赤裏カードと裏向きの青裏カード）を1枚のように取りあげて（図8）、テーブルのスプレッドのトップ・カードの上に置きます。これにより、余分のカードが処理できます。
　同時に左手のカードを表向きにして、今置いたカードの上に置きます。

備考
　このマジックは、ハリー・ローレイン氏の雑誌『アポカリプス』誌上にて発表されたものです。

ボート・ピーク

　これは、封筒の中のカードをひそかに盗み見る（ピークする）ヒロ・サカイ氏の手法です。ちょっとした仕掛けの封筒を用いることで、自然な動作のうちに行なえる非常に優れたアイディアです。

準備

　8センチ×12センチ程の大きさの、カードが楽に入る大きさの封筒を用意します。丁度ルポール・ワレットに用いるような封筒です。肝心なのは封筒にある程度の厚みがあり、中に入れたカードが透けて見えないということです。
　封筒のフラップを下にした状態で、左端隅に**図1**のような切れ目を入れます。よく切れるカッター・ナイフ等で、封筒の辺にそってきれいに切れ目を入れて下さい。

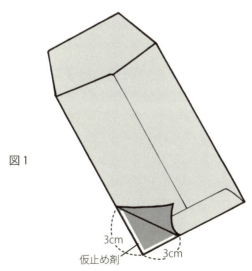

図1

　切れ目の上側の部分のふたつの辺に、図のように仮止め剤を塗っておきます。これで、切れ目のある封筒の隅を軽く押さえるだけで、切れ目が開かなくなります。

手順

デックを裏向きにして、テーブル上にスプレッドします。

封筒を取り出して、図2のように左手で封筒の上部を持ち、口を広げて中に何も入っていないことを観客に示します。丁度デックをディーリング・ポジションに持つのと同じような持ち方です。切れ目は左内隅にきます。

観客に、スプレッドしたデックから自由に1枚のカードを抜き出してもらい、覚えてもらいます。

この間に、術者は左手の封筒を少し前方に引き出します。封筒の内端を親指の根元と中指と薬指で保持して、内側に力を加えると封筒の切れ目が開きます。図3を見て下さい。この開いた封筒の切れ目を、サム・ブレイクの要領で左親指の根元で保持します。

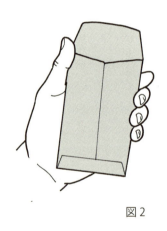

図2

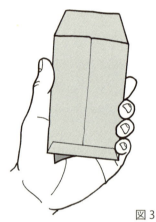

図3

観客の方に左手を差し出し、封筒の中に観客のカードを裏向きに入れてもらいます。この時に図4に示すように、術者は横を向いて観客の方を見ないようにします。

図5のように左手を上げて封筒を立てて軽く振ります。この時も術者は封筒の方を見ません。これは確かに封筒にカードが入っていることを確認しているように見えますが、実際は封筒を振ることによって、中のカードを切れ目のある隅に寄せる目的があります。

左手を下げて右手で封筒のフラップを閉じます。この時に術者は初めて正面を向きます。ここで、左手親指で開けている封筒の切れ目から観客のカードのインデックスを見ることができます。図6を見てください。フラップを閉じる動作で、封筒の方に視線を持ってくるのは自然なことですが、この間にピークが行なわれるのです。

ボート・ピーク

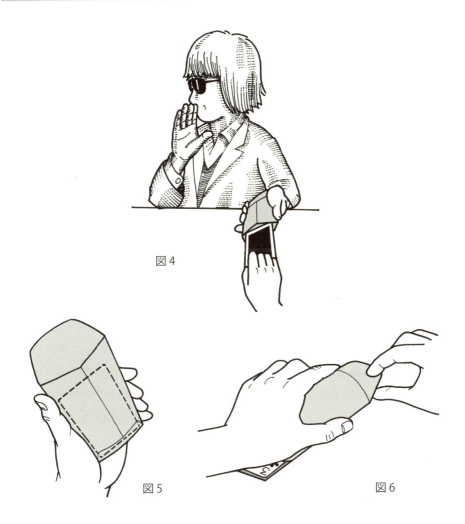

図4

図5

図6

　フラップを閉じた右手で、封筒を左手から引き出して、**図7**のように両手で封筒を持ってテーブル上にトントンと軽く打ち付けます。これにより、中のカードは封筒の下に来ます。この時に左親指で封筒の切れ目を押さえ、仮止め剤でしっかりと切れ目を閉じるようにします。

　封筒をテーブルに置きます。観客からは以上の動作に怪しい所は何もないように見えます。

　後はドラマチックに観客のカードを当てて下さい。封筒からの直接的な透視として演出するよりも、読心術や、テレパシーの演出を取り入れるのが良いでしょう。

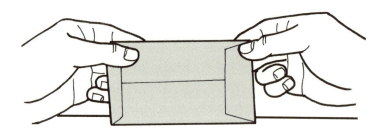

図7

　この後の演技で、封筒から観客の注意をそらすことにより、術者が封筒に触ったことも観客の意識に残らないようにすることもできるでしょう。観客自身が封筒にカードを入れたと思わすことができればベストです（実際に封筒にカードを入れたのは、観客自身です）。
　観客のカードが当たったら、封筒からカードを取り出し、確認して終ります。

　ヒロ・サカイ氏は、かって透視で一世を風靡した御船千鶴子師の検証番組の為に、この手順を組み上げました。タイトルは御船師の名前から来ています。

コールド・ポイント

　マジックの作品だけでなく、ヒロ・サカイ氏は、新しい技法やテクニックも数多く開発し、発表しています。
　ここで解説される技法も、特定のカードの出現に用いることのできるまったくの新しい手法であり、様々な作品に応用することが可能なテクニックです。

現象
　テーブルに表向きで数枚のカードをばらまきます。術者が空の手をカードの山の上に置くと、それまでなかった観客のカードが手の下に現れます。

必要なもの
・レギュラー・デック　1組
・テーブルマットをしいておく

手順
　観客に1枚のカードを選んでもらい、デックに戻してひそかにトップにコントロールします。
「このようにテーブルにカードを配って行きます」
　と言いながら、ダブル・リフトを用いてトップの2枚を1枚のように表向きにしてテーブルの中央少し手前に置きます（**図1**）。

図1

続けて、今置いたカードの上にデックのトップから 4 〜 5 枚のカードを表向きにして配って行きます。カードは最初に置いたカードの上に重なるようにある程度ばらつきを持たせて配ります（**図 2 〜図 3**）。

図 2

図 3

　最初のカードが完全に隠れたら、
　「同じようにあなたが配ってください」と言い、デックを観客に渡して上から 1 枚ずつ、表向きにしてテーブルのカードの上に配ってもらいます。
　観客が数枚のカードを配ったら、一旦配るのを止めさせて、
　「あなたのカードはまだ出てきていませんね。あなたのカードが出てきても止まらずに、そのままカードを配って下さい、出てきたら私がそこで手を出して止めます。するとその時に手の下にあるのがあなたのカードです」
　と説明します。このときに両手を開いて何も隠しもっていないことを良く見せて下さい。

　観客に続けて配ってもらいます。数枚のカードを観客が配ったら、
　「ここ！」
　と言って右手を開いてテーブルのカードの中央に置きます（**図 4**）。
　右手で表向きに重ねられたカード全体に少し圧力を加えて、前方に押し出します。すると一番最初に置かれた 2 枚重ねの下のカード（観客のカード）のみが、マットとの摩擦で元の位置に残ります（**図 5**）。右手の下で、観客のカードのみが他のカードより少し手前に突き出た形になります。何度か試して、この時の力加減をつかんで下さい。
　手首側の肉丘で観客のカードを押さえて少し右手前に引き、他のカードから離します（**図 6**）。ちょうどデビット・ロスの『チンカ・チンク』でコインを移動させるような感じです。
　右手をゆっくりと上げて、観客のカードが手の下に現れたのを示します。

コールド・ポイント

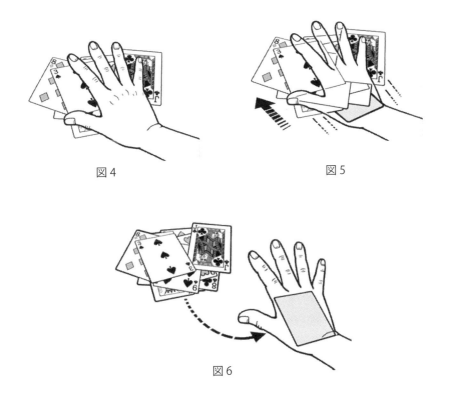

図4　　　　　図5

図6

備考
　この技法を使ったゆうきとも氏のアイディアを紹介します。
　観客のカードをトップから2枚目にコントロールします。トップカードを表向きにして、一旦デックの上に置きます。そしてその下の観客のカードと一緒にダブル・リフトで取り上げてこの2枚のカードをテーブルに置きます。そしてデックのトップからこのカードの上に表向きにカードを配って行きます。後は上記の手順と同様に行なうと、術者の手の下に裏向きに観客のカードを出現させることができます。

　他にも、表向きに配ったカードの中から特定のカードを一瞬で抜き出す、という表現を行なうことも可能でしょう。裏向きにランダムにばらまかれたカードの山の中から、目隠しをして観客のカードを探り出すという演技にも用いることができます。お試し下さい。

イレイザー

　一般の観客に印象に残るマジックというのは、詰まる所、シンプルで、一言で語られるような現象のマジックであると言えます。
　このヒロ・サカイ氏の作品は、いわゆる『白くなるトランプ』の現象であるのですが、ちょっとしたアイディアを加えることで、ユニークな効果を追加させています。このひと工夫が、印象に残るマジックへと作品を引き上げているのです。

現象
　デックを広げ、通常のカードであることを示してから、切り混ぜます。
　裏向きの状態から観客に1枚のカードを選んでもらい、そのカードの表にサインをしてもらいます。
　デックの中ほどにサインされたカードを入れます。消しゴムを示して観客に渡します。
　その消しゴムでオマジナイをかけてもらうと、サインカード以外のカードは両面とも印刷が消えて白のカード（ダブル・ブランク）になってしまいます。
　サインカードのバックを見ると、消えかかった状態になっています。

必要なもの
・レギュラー・デック　1組
・ダブル・ブランク・カード　50枚
・ブランク・フェイス・カード　1枚　デックと同色の裏模様で、この裏面にラフ・スティックを塗っておきます。
・任意のブランク・バック・カード　1枚　ここではクラブのクイーンとします
・ギャフ・カード　デックの裏模様と同色で、裏模様が消えかかったもの（以下Gカード）　1枚　ダイヤの6とします
・消しゴム
・油性のサインペン

Gカードの作り方

目の細かい紙ヤスリ（♯320番ほどの仕上げ用）で、カードの裏面を優しくこすって、**図1**の様に裏模様が薄くなるまで削り落とします。削りすぎに注意してください。

図1

準備

●デックA

デックのボトムから任意のカード、2枚目にGカード、3枚目にデックから抜き出したクラブのクイーンをセットします（**図2**）。Gカードと同じダイヤの6は抜いておきます。

このデックはケースに入れておきます。

デックA

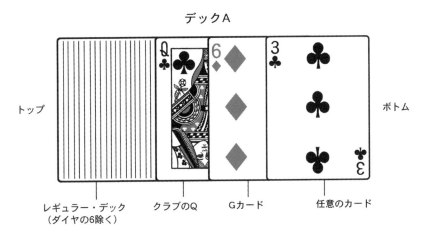

図2

●デックB

トップにブランク・フェイス・カード、ダブルブ・ランク50枚、ボトムにブランク・バック（フェイスはクラブのクイーン）の順にセットします（**図3**）。

このデックはケースに入れないで、上着の左ポケットに消しゴムとともに入れておきます。

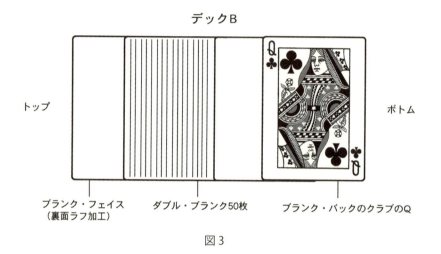

図3

手順

　Aのデックをケースから取り出し、ボトムから2枚目のGカードのバックが見えないようにして両面をあらため、ボトム部分が崩れないようにシャフルします。

　ボトム・カードをプル・ダウンして、その上にブレイクを取ります。

　デックを右手のビドル・ポジションに持ち、右親指でブレイクを保持したままスイング・カットを行なって、ブレイクをデック中央に移します。

　左手にドリブルしていき、観客にストップをかけてもらいますが、そのタイミングに合わせて、ブレイクより下のカードを落とします。いわゆるドリブル・フォースです。

　左手のパックをテーブルに置き、右手を返して右手パックのボトムのダイヤの6（Gカード）を見せます。左手でダイヤの6を表向きに取り（**図4**）、テーブルに置きます。このカードの裏面を見せないように注意してください。

　右手のパックを裏向きに返して、この上に先程テーブルに置いたパックを重ねます。これで、ボトム・カードはクラブのクイーンになります。

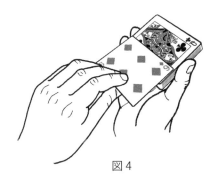

図4

「選んでいただいたカードの表にサインをしてください」
と言って、ペンを渡してサインしてもらいます。
　その間に、左手はデックを持ったまま上着の左ポケットに入れて、デックAをポケットに残し、消しゴムと一緒にデックBを取り出します。いわゆるデック・チェンジです。
　観客の意識はサインするカードに移っているのと、消しゴムを取り出すという理由のある動作が、このチェンジを楽に行なえるようにしています。また、デックBのトップ（裏模様）とボトム（クラブのクイーン）が同じカードなので、違和感はありません。

　デックを表向きに左手に持ち、サインされたカード（Gカード）を前端から中央に差し込みます。
　消しゴムを示して、
「この消しゴムはトランプ全てのインクを消す強力な力があります。ただし、選ばれたカードにはあなたのサインがありますから、特別なので、消すことはできないかもしれません」
　などと、言います。
　消しゴムを観客に渡し、術者の左手のデックにおまじないをかけてもらいます。右手をデックにかけて、一番上に見えているクラブのクイーンをクラシック・パスによって一番下に移動させます。クラブのクイーンが白くなったように見えます。これによって、一番下に移動したクラブのクイーンのフェイスが、ラフ面になっているブランク・フェイス・カードと隣接することとなります。
　デックを両手の間に広げて、残りのフェイスも白くなっていることを見せます。このとき、中央のGカードを見せないようにこの部分をあまり広げないように注意します。ラフ加工が効いているので、一番下のクラブのクイーンは見えません。

115

「この消しゴムのパワーは表だけでなくて、裏にも影響を与えます」
　両手を立てて裏面を見せて、白くなっていることを見せます。ラフ加工が効いているので、下から2枚目のブランク・バック・カードの裏面は見えません。ここでもGカードを見せないようにします。

「先程、油性ペンでサインしていただいたので、サインは消しゴムでは消せませんね」
　両手を戻して、デックを揃え、テーブル上にリボン・スプレッドで広げます。サインされたカード（Gカード）以外全てのカードが白くなっているのを示します。
　Gカードを抜き出して、手に持ちます。
「あなたのサインの影響で、このカードだけは消えませんでした。でも裏側は白くなっています」
　と言って、術者が裏面を見ますが、驚いた演技をします。
「あなたのサインの影響で、裏側も消えきらなかったようです」
　Gカードの半分消えかかっている裏面を見せて、終わります。

ヒロ・サカイ氏からのコメント
　この手順の元は学生時代に荒井晋一氏に影響を受けて構成したものですが、最近気に入っている『消しゴム』を使う演出を取り入れました。
　デック・チェンジはショーン・ファーカー氏が提唱するペンを取る時に上着を大きく開いてカバーしながら行なう方法でも、トミー・ワンダー氏が提唱するポケット自体が違う方法など、好きな方法で行なっていただいて構いません。

Section:3
ゆうきとも

　1992年世界マジックシンポジウムin東京でクロースアップ部門優勝。第14回厚川昌男賞受賞。
　クロースアップ・マジックやメンタル・マジックを中心としたパフォーマーとして活躍する一方で、指導家としても確かな実績を持ち、数多くの著作を発表。
　2005年より創刊された月刊レクチャーDVD＆小冊子『Monthly Magic Lesson』は国内最長のシリーズとなり、多くのマジシャンに支持されている。

Section:3　ゆうきとも

EZ-スペル

　マジックの効果が、その技術的難易度に比例して観客にウケるとは限らない。しかしながら、ウケるマジックが、優しいとも限らない。
　その点、ゆうきとも氏は難易度の高い技術を必要とするマジックや、複雑な準備を必要とする手順を、巧妙な策略とアイディアで、実用的で、誰にでも出来るように再構築する才能に長けています。
　ここで紹介するのは、比較的やさしく出来て、たいへん実用的なスペルバウンドの手順です。ゆうき氏が実際に、コインマジックのオープニングとして使用しているものです。

現象
　指先に持ったコインが、3回立て続けに変化します。

必要な物
・銀貨（ハーフ・ダラー）と銅貨（イングリッシュ・ペニー）のダブル・フェイス・コイン　1枚
・それと同じ大きさの中国の硬貨（チャイニーズ・コイン）　1枚

準備
　ダブル・フェイス・コインの銀貨の面が上になるようにして、左手にフィンガー・パームしておきます。
　右手に中国の硬貨を持った状態で始めます。

手順
　中国の硬貨を右手の親指、人差し指、中指で持って観客によく示します（図1）。
　左手は手のひらを下にしたままで、両手を体の正面で合わせます（図2）。
　左手が右手の中国の硬貨を隠した時に、リテンション・パスを行なって中国の硬貨を右手のフィンガーチップ・レスト・ポジションに保持します。
　同時に左手はコインを握ったように拳にして、右手から離します（図3）。

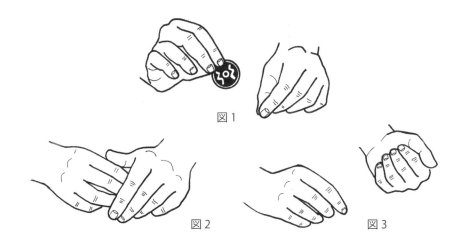

図1　図2　図3

　左手の拳の中のダブル・フェイス・コインは、手を握ることで手の中で反転しています。
　ここは、左手に隠したコインが見えないようにして通常のリテンション・パスを行なっても良いのですが、このように左手のひらを下にして、右手のコインをつかんだように見せることで、大変カジュアルにフェイク・パスを行なうことができます。つまり、リテンション・パスを行なう時の独特の『構えた感じ』を、観客に感じさせないのです。

　左手の拳を少し動かし、手の中のコインを揉むような動作をしつつ観客の注目を集めます。この間に右手のフィンガーチップ・レスト・ポジションの中国の硬貨をエッジ・グリップに移します。
　左手を開いて、手の中のコインを見せます。ダブル・フェイス・コインの銅貨の面が見えています。中国の硬貨を左手に握ると銅貨に変化したように見えます。

　右手の親指と中指で、左手のダブル・フェイス・コインの向こう側をつまみます。右手にはエッジ・グリップした中国の硬貨がありますので、このダブル・フェイス・コインは**図4**のようにエッジ・グリップ・ディスプレイで保持されることになります。
　続けて、右手のコインを垂直に立ててエッジ・グリップ・ディスプレイで観客に示せる位置に持ってきます。観客の方に銀貨の面が向くことになりますが、この時に左手の指先を立ててコインを取り上げるところを観客の視線から隠します。**図5**はこの時の様子を示しています。

Section:3　ゆうきとも

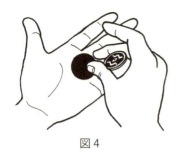

図4

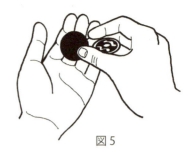

図5

　左手を回転させて、手のひらが観客に向くようにして広げます。**図6〜7**はこの時の動きを観客から見た様子です。
　左手の手のひらの銅貨を取り上げ指先で撫でると、銀貨に変化したように見えます。エッジ・グリップ・ディスプレイによって中国の硬貨が隠されるので、観客からは**図7**のように両手が完全に空のように見えます。

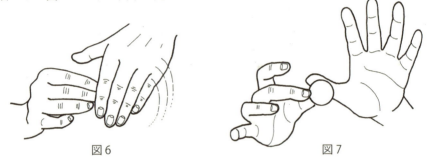

図6　　　　　　　　　　　　　　図7

　右手指先に保持した銀貨（ダブル・フェイス・コイン）を、左手のスペルバウンド・ポジションに渡します。
　このコインを示している間に右手のエッジ・グリップに保持している中国の硬貨を、フィンガー・パームに移します。
　左手の銀貨（ダブル・フェイス・コイン）を右手に取り上げる動作で、**図8〜9**のようにこのコインをフィンガー・パームの位置に落とし、同時に右手にフィンガーパームしている中国の硬貨を指先に出現させます。銀貨を取り上げると、その瞬間に中国の硬貨に変化したように見えます。
　コインの両面をよく示して終わります。

　手順全体は5〜6秒で終わります。よどみなく、流れるように変化現象を行なって下さい。

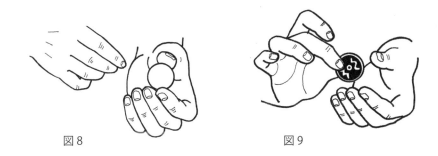

図8　　　　　　　　　図9

　体の両サイドのポケットにダブル・フェイス・コインと中国の硬貨を入れておけば、いつでもこの手順を行なうことが出来ます。
　最後の大変効果的なコインの変化は、ポール・ウィルソン氏の述べることによると、イギリスの重鎮パトリック・ペイジ氏の手法であるとのことです。

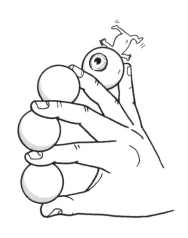

Section:3　ゆうきとも

どこでもシルバー＆カッパー

　観客の手の中のコインと術者の手の中のコインが入れ換わる現象は、たいへん効果的であり、ジョン・スカーン氏の作品をはじめ様々な方法が発表されています。しかし、実際に交換現象単独で行なうとすると、エキストラコインの処理法や、ギミック・コインの取扱い、また現象のインパクトはあるが、手順として物足りないなど、真にプロフェッショナルのニーズに応えられるものは少ないように思われます。
　大きく2段からなるゆうきとも氏のこの手順は、たいへん実用的で、細かい所まで考え抜かれた傑作小品奇術といえます。いかにもゆうき氏らしい無駄のないスマートで洗練された手法であり、特殊なテクニックやギミックも用いません。標準的な技術を持ったマジシャンならば、すぐにでもレパートリーに取り入れることができるでしょう。

現象
　術者は小銭入れの中からハーフ・ダラー（銀貨）とペニー（銅貨）を取り出し、観客に示します。
　ペニーを小銭入れの中にしまいます。
　術者がハーフ・ダラーを手に持ち、指先で撫でるとペニーに変化します。
　観客に小銭入れの中を開けてもらうと、ハーフ・ダラーに変化しています。
　観客の手にハーフ・ダラーとペニーを握ってもらいます。
　観客からハーフ・ダラーを受け取り、術者の手に握ります。
　術者の手の中のコインが、ペニーに変化します。
　観客の手の中のペニーは、いつのまにかハーフ・ダラーになっています。

必要な物
・ハーフ・ダラー　2枚
・イングリッシュ・ペニー（以下ペニー）　1枚
・小銭入れ　図1のようなもの　1個
　これは1枚のコインを中に入れた時に、振ると口金に当たって音がするもの

です。そのような条件を満たしていればどのようなタイプの小銭入れでもかまいません。

図1

準備

小銭入れにハーフ・ダラー2枚とペニー1枚を入れておきます。

手順

準備した小銭入れを取り出して観客に中を見られないように口を開け、ハーフ・ダラー1枚とペニー1枚を取り出します。もう1枚のハーフ・ダラーは小銭入れの中に残したままです。口を開けた小銭入れは、中を見られないように左手に持っています（**図2**）。

ハーフ・ダラーとペニーをテーブル上に並べ、観客にどちらか好きな方を選んでもらいます。

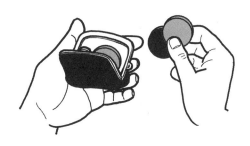
図2

〈**観客がハーフ・ダラーを選んだ場合**〉

「では選ばれなかった銅貨はしまっておきましょう」

右手でペニーを取り上げて、小銭入れに入れたように見せますが、右手の指先が小銭入れの口に入った時にこのペニーを親指で右手に引き込み、フィンガー・パームします（**図3〜図4**）。

小銭入れの口金を絞め、軽く振ってコインが入っている音をさせます。観客にはペニーを小銭入れに入れたように見えます。

この小銭入れを観客に持ってもらいます。

Section:3　ゆうきとも

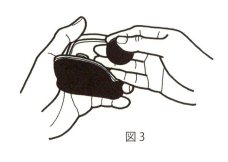

図3

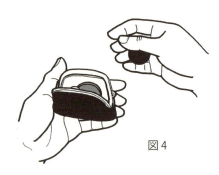

図4

〈観客がペニーを選んだ場合〉

「ではこの銅貨をサイフに入れます」

上記と同様にペニーを小銭入れに入れたように見せつつフィンガー・パームし、小銭入れの口をしめて振り、音をさせます。この小銭入れを観客に持ってもらいます。

テーブル上のハーフ・ダラーを取り上げ、左手のスペルバウンド・ポジション（フレンチ・ドロップの時の持ち方）に持って示します。

スペルバウンドのように右手で左手のハーフ・ダラーをカバーし、ハーフ・ダラーは左手に落とし、右手のフィンガー・パームのペニーを左手指先に保持します（図5）。

右手を左手から離し、ハーフ・ダラーがペニーに変化したように見せます。左手はハーフ・ダラーをフィンガー・パームします。

観客が持っている小銭入れを開けてもらい、中からハーフ・ダラーを取り出してもらいます。

観客からハーフ・ダラーを受け取り、右手の手のひらにハーフ・ダラーとペニーを並べて置き、観客に示します（図6）。

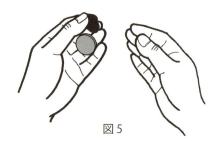

図5

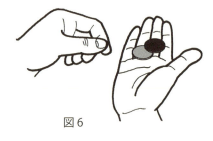

図6

どこでもシルバー＆カッパー

「右手を広げて出して下さい」

と言いながら、右手の2枚のコインを左手に渡したように見せますが、ペニーを右手の親指で押さえてハーフ・ダラーだけを左手に渡します（**図7**）。左手にはフィンガー・パームされているハーフ・ダラーがありますので、この2枚のコインを軽く握って手の甲が上になるように返します。右手のペニーはフィンガー・パームに移します。

左手を観客の右手の上に持ってきて、「この2枚のコインをしっかりと握って下さい」と言いながら左手のコインを握らせます。この時観客にコインが見えないように、コインを渡したらすぐに手を握らせるようにします（**図8**）。観客はペニーとハーフ・ダラーを握っていると思っていますが、実際はハーフ・ダラー2枚を握っています。

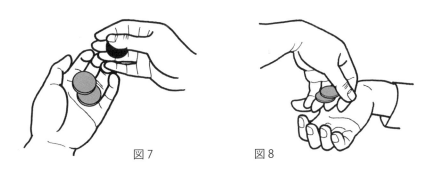

図7　　　　　図8

「両手を後ろにまわして下さい、今渡したコインを両手に1枚ずつ握ってもらえますか。このように背中で握ってもらうと、どちらの手に銀貨と銅貨が握られているのか、あなたにも私にもわかりませんね」

観客に両手を背中にまわしてもらい。後ろ手のまま2枚のコインを両手に1枚ずつ握ってもらいます。

観客の両手を前に出してもらいます。実際は観客が握っているのはどちらもハーフ・ダラーです。

術者は観客のこぶしを透視するような演技を行ない、好きな方の手を指差し、

「何か感じますね。こちらの手は銀貨だと思います。こちらの手だけ開けて下さい」

と言い、片方の手を開けてもらいます。当然のことながら銀貨であることが当たります。ここはあまり大層に行なうのではなく、軽い感じで行なって下さい。

右手で観客の手からハーフ・ダラーを取り上げます。

「こちらの銅貨はしっかりと握っていて下さい」

と言い、残った観客の拳をしっかりと握ってもらいます。
　右手のハーフ・ダラーを左手に投げ入れたように見せますが、ここでボボ・スイッチを行ない、ハーフ・ダラーを右手にサム・パームし、フィンガー・パームしているペニーを左手に投げ入れます (図9)。
　左手は握ったコインを揉むような動作を行ないます。

図9

　左手をゆっくり開いてハーフ・ダラーがペニーに変化しているのを示します。
　観客に手を開いてもらいます。ハーフ・ダラーが現れるので、観客には手の中のコインが術者のコインと入れ換わったように見えます。
　この間に右手のサム・パームのコインはフィンガー・パームに移します。

　2枚のコインを観客に調べてもらいます。
　観客からコインを受け取り右手に持ちます。左手は小銭入れを取り上げ、右手で小銭入れにコインを入れますが、この時に、パームしているコインも一緒に小銭入れにしまいます。これでリセット完了です。

　10円硬貨と100円硬貨で演技することも可能ですが、見た目のインパクトは大きいコインの方が遥かにすぐれています。自然さを重要視するマジシャンからは日本の通貨でなくてはならないという意見が聞かれますが、ハーフ・ダラーとペニーに対する説明や、面白い話を付け加えることにより、セリフの面白みも増して、不思議な現象を起こすコインとして十分通用するものです。これは自然さの問題ではなくてマジシャンの演技スタイルの問題であると言えます。ただし、観客に話すセリフの中では、銅貨、銀貨という言葉を用いるようにしましょう。また小銭入れもサイフと表現した方が、一般の観客には馴染むようです。
　サイフ（小銭入れ）を取り出せば、どこでも演技できることからタイトルは名付けられました。ゆうき氏のDVD『ワイズ・ワークス4』(ユージーエム株式会社)では、このトリックのギミックコインを使う手法が解説されています。是非御参照下さい。

クイック・クリンク

　無駄を省く、自然な動きで行なう、良いマジックと言われるものの条件でありますが、それを実践するとなると、これまた大変難しいものです。
　この作品はそのようなマジック構成の見本とも言えるもので、短い中にもゆうき氏の創意工夫が詰まっていると思われます。
　シンプルで、鮮やかな現象をお楽しみください。

現象
　3枚のコインで行なう一瞬の移動現象です。

必要な物
・ハーフ・ダラー 4枚
　このマジックは、テーブルに座って演じます。

手順
　右手で、4枚のコインをまとめて取り出し、1枚をクラシック・パームします。
　3枚のコインを、テーブルの自分側の縁から15センチぐらいの所に横1列に並べます。

　次のようにして、デビット・ロス氏のクリック・パスを行ないます。
　右手で右端のコインを取り上げ、リテンション・パスを行なって、左手に握ったように見せます。コインは、右手のフィンガー・チップ・レストで保持されます。
　右手の親指と人差し指で、テーブル上の中央のコインをつまみ上げます（図1）。
　コインを持った右手を左手の上に持ってきます。左手の拳を少し開き、右手指先のコインを左手の中に落としますが、同時に右手にクラシック・パームしているコインをフィンガー・チップ・レストで保持しているコインの上に落とします。コインのぶつかる音で、いかにも左手の中に2枚のコインが入ったように見えます（図2）。

Section:3　ゆうきとも

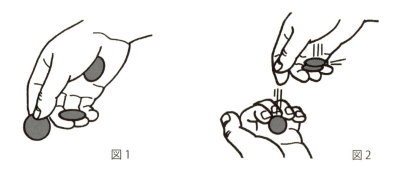

図1　　　　　　　　　　　　　　　図2

　左手はコインが入ったら、ただちに握り拳にします。
　右手は2枚のコインをフィンガー・チップ・レストで保持したまま左手から離し、テーブル上の左端のコインを取りにいきます。この時に、左手が邪魔になるので、テーブルの縁まで引きます。ここで、手の中のコインをラッピングします（**図3**）。

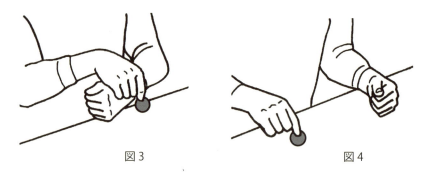

図3　　　　　　　　　　　　　　　図4

　右手で左端のコインをつまみ上げたら、両手をテーブル上の左右に持ってきて（**図4**）、手のひらを上に向けながら両手を同時に開きます（**図5**）。
　左手が空になり、右手から3枚のコインが現れます。

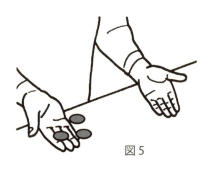

図5

備考

　短い現象ですが、大変クリーンなマジックです。様々なコインズ・アクロスの手順のオチとして取り入れることもできるでしょう。
　実際には2枚のコインしか移動していないのですが、3枚のコインが手から手に移動したような印象を与える点に注目してください。

Section:3　ゆうきとも

差し水

　ゆうきとも氏は数多くのオイル・アンド・ウォーターの手順を発表しています。そのうちのいくつかは、氏の発行する小冊子『奇術探求』誌上や、DVD でも見ることができます。
　ここで解説される手順は、マジシャンが何もしていないのに、分離、混合、が行なわれたように見える優れた手順です。途中で、カードを追加する手法は、故片倉雄一氏の手順を参考にしているとのことです。
　現象を際立たせるために工夫された手順の妙をお楽しみください。

現象
　赤いスートのカード3枚と、黒いスーとのカード3枚を、赤黒交互に混ぜ合わせますが、一瞬で分かれてしまいます。
　続いて、赤黒分けたカードを重ねると、今度は、一瞬にして混ざってしまいます。
　今度はデックから赤黒1枚ずつを追加して、赤4枚と黒4枚にします。赤黒交互に混ぜて4枚をテーブルに置き、4枚を手に持ちます。
　手に持った赤黒交互の4枚が、赤赤黒黒と2枚ずつに分かれます。
　さらに、手にした4枚が全て赤いカードに変化し、テーブルの4枚が黒いカードに変化してしまいます。

準備
　デックから黒の6、8、9、7と赤の6、8、9を取り出して、**図1**のようにセットします。スートは同じものばかりにならないように適当に混ぜてください。
　別の黒の6と7をデックのトップにセットします。

手順
〈第一段〉
　パケットを表向きで左手に持ち、両手で上から1枚ずつ6枚に広げてみせます。一番下の2枚は重ねたままです。赤3枚と黒3枚のカードであるように示します（**図2**）。

差し水

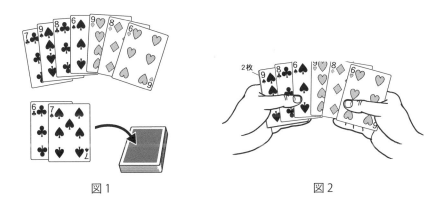

図1　　　　　　　　　　　図2

　パケットを広げたまま左手で保持し、右手で上の赤いカード2枚を取って黒の間に差し込んで、赤黒交互にして見せます（**図3**）。
一旦パケットをそろえてテーブルに置き、間を取ります。
　右手ビドル・ポジションでパケットを取り上げ、左手親指で上から左手に1枚ずつファンになるようにカードを取っていきます。カードの順は逆になります。最後の2枚は重ねたままです。このとき5枚目に取るカードの下に左小指でブレイクを作ります（**図4**）。

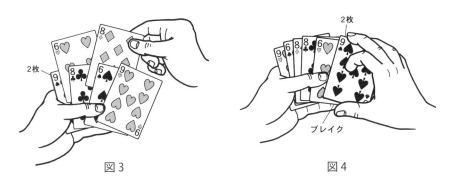

図3　　　　　　　　　　　図4

　パケットをそろえてマジカル・ジェスチャーを行ないます。ブレイクはパケットの上から3枚目の下に、左小指で保持しています。
　一番上のカードを右手に取ります。（**図5**）。
　続けて右手のカードの下に、ブレイク上の2枚を1枚のように重ねたままで、少し広げた状態に取ります（**図6**）。
　次の黒いカードも、同様に右手の2枚のカードの下に取ります。黒いカード3枚が出てくるので、交互に入れた赤黒が分かれたように見えます。

131

Section:3　ゆうきとも

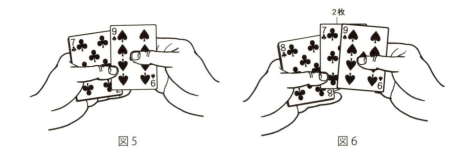

図5　　　　　　　　　　　図6

　右手の3枚のカード（実際は4枚）を使って、左手パケットを裏向きに返します（図7）。
　左手の裏向きになった3枚を広げて、この上に右手のカード3枚（4枚）を広げたままで重ねます（図8）。

図7　　　　　　　　　　　図8

〈第二段〉
　広げたパケットを左手で保持します。右手で一番上の黒いカードを取ります。
　その上に次の黒いカードを取りますが、このカードは2枚重ねたままでインジョグするように取ります（図9）。
　次の表向きの黒カードを、右手の2枚のカードの下にアウトジョグした状態に取ります。黒いカード3枚が、右手に縦に一列に取りました（図10）。左手の裏向きの3枚は片手でそろえます。

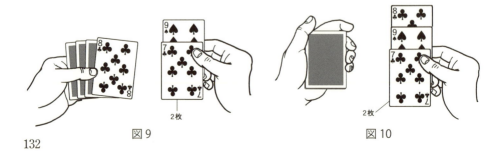

図9　　　　　　　　　　　図10

右手の3枚（4枚）を縦に広げたままで、左手のパケットの上に裏返してのせます（図11～12）。

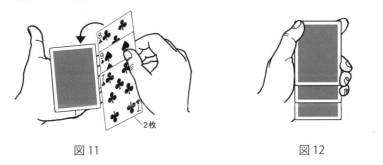

図11　　　　　　　　　図12

そのままパケット全体を表向きに返します。
　右手をビドル・グリップに掛けてパケットをそろえますが、このときにインジョグしたカード（2枚重ね）の下に右親指でブレイクを作ります（図13）。パケットの下から2枚目のカードの上にブレイクができるので、これを左小指で保持し、右手をパケットから離します。

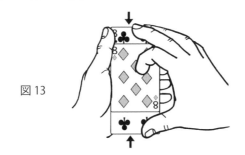

図13

マジカル・ジェスチャーの後、ブレイクに右手の指先を差し入れて（図14）、ブレイクより上のカードを一気に広げます（図15）。
　赤と黒のカードが一瞬に交互に混ざったように見えます。

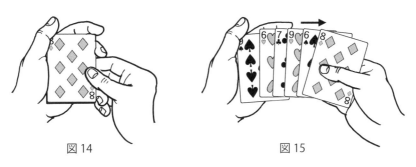

図14　　　　　　　　　図15

Section:3　ゆうきとも

〈第三段〉

　パケットをそろえて裏向きにし、左手に持ちます。
「2枚増やしましょう」
　と言って、デックのトップから2枚のカードを右手で取り、左手のパケットの上にのせます。このときに1枚ずつ自分だけで表を見て、
「赤いカードと黒いカードです」
　と、ミス・コールします（実際は黒2枚）。
　パケットを表向きにして、ハーマン・カウントを用いて8枚にカウントしますが、このとき6枚目をカウントするときにスイッチを行ない（図16）、8枚目は4枚のカードをひとまとめにして左手のパケットの上に置きます。すべてのカードが、赤黒交互になっているように見えます。
　パケットを裏返して左手に持ちます。右手でパケットのトップ4枚を広げて取り、広げたままテーブルに置きます（図17）。赤黒混ざったカードを置いたように見えますが、実際は黒いカード4枚です。

図16　　　　　　　　　　　図17

　左手のパケットを表向きにして、上から4枚に広げます（図18）。最後の2枚は重ねたままです。赤黒交互の4枚に見えます。

図18　　　　　　　　　　　図19

134

パケットをそろえるときに、上から2枚目のカードの下にブレイクを作ります。

マジカル・ジェスチャーの後、ブレイクから右手指を差し込んで、この2枚を重ねたままパケットを4枚に広げます（**図19**）。上から黒黒赤赤と分かれたように見えます。

そのままの流れで、パケットの上から右手に黒黒赤赤と逆順になるように取っていきます（**図20**）。

右手のパケットを左手に渡してそろえます。左手を返しつつ、テーブルの広げた4枚を両手でそろえます（**図21**）。これは次の現象の前に少し間を取るのが目的です。

図20　　　　　　　　　　　　　　　図21

左手パケットを表向きにして、マジカル・ジェスチャーを行ないます。

パケットをエルムズレイ・カウントを用いて4枚に数えます（**図22**）。全て赤いカードになったように見えます。

テーブル上のパケットの向こう側から、右手の四指を差し入れるようにして取り上げて、ファンに広げながら表向きにします（**図23**）。

4枚とも黒いカードになっていることを示して終わります。

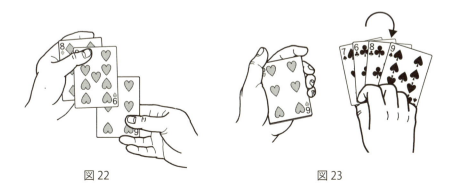

図22　　　　　　　　　　　　　　　図23

Section:3　ゆうきとも

ゆうきともからのコメント

　このトリックでは、本当に混ぜたカードを、確認の意味で普通にリバースカウントするだけで、分離したように見せかけるという部分がお気に入りです。
　２段目の混ざる部分は、カードを普通に広げるだけでも成立するのですが、ブレイクとファンを併用することで、より鮮やかな現象を実現できたような気がします。
　また、タイトルの由来となった、途中でカードをデックから加える部分では、故片倉雄一氏の手順を参考にしています。(この部分の詳細は『奇術探究』２号を参照してください)

　これまでにも何度か「水と油」を集中的に研究したり、練習したりという時期がありましたが、２００８年の２月後半は最も多くのまとまった作品を作り出すことになりました。
「水と油」といったテーマに限らず、私が２、３日同じテーマに集中する(固執するといっても良いでしょう)のはよくあることです。しかし大抵の場合は、ある程度の納得する形になるまではメモも取らず、ビデオに撮るといったこともしないため、多くのアイデアやハンドリング、もしくは手順さえもが記録されずに忘却してしまうことになります。
　しかしながら今回は、その時期に『奇術探究』という小冊子を自らが書きあげなくてはならなかったため、そのために"思いついたアイデアをすべて残す"ことになりました。
　うすうす気がついていたことではありますが、そもそも記憶力の弱い私にとって、そのような作業をまめに行なうということが"自身の考えを無駄なくまとめる"ために、驚くほど有効であることをあらためて(十分に予想はしていたものの、これがまあ、実際にはなかなかできないんですよね)認識することになりました。
　おかげでそのときに創作され、ある程度の形になった作品群は『奇術探究』の３号までを見越しても収まりきらなくなったため、この『SFMC4』や、『モダクラ劇場５』『ワイズ・ワークス７』などにも収録されることになりました。

　今回カズさんに解説していただいた「差し水」誕生の経緯は、『奇術探究』２号収録の「逃げ水」(特殊なオチのある水と油)を参照してください。
　ちなみに３号以降では、最初から８枚の設定で行なう原案と、「逃げ水」をさらに発展させた「オイル・オア・ウォーター」が発表されています。

わき道

　実際に観客の前でマジックを演じる場合、ましてやそれがバーやテーブル・ホップ等の仕事となると、様々な要素が必要となります。準備に手間のかからないこと、リセットが容易であることはもちろんのこと。テーブルを大きく使わないこと、演技時間や角度、用具を収納しておく場所、等の多くの事柄を考慮しなければなりません。たとえ傑作といわれる作品でも、仕事で用いるのには様々な調整が必要なのです。

　ここで紹介する作品はチャド・ロング氏の傑作「Now Look Here！」（原題は「Back and Forth」）をゆうきとも氏がテーブル・ホップで演じられるように再構成したものです。原案の効果を損なうことなく、全体を単純化し、手法をやさしくすることで、真に実用的な作品となっています。このような改案は、経験と才能に裏付けられたゆうき氏ならではのものといえます。ここでは実際に氏がレストラン等で演じていたそのままの手順を解説します。

現象

　観客に1枚のカードを選んでもらい、デックに戻してシャフルします。
　術者はパケットケースから2枚のカードを取り出し、このカードで観客のカードを当てると言います。
　1枚目のカードを見ると「ポケットの中」と書いてあります。
　このカードをテーブルに置き、術者がポケットの中を見るともう1枚のカードが入っています。
　そのカードには「左手のカード」と書いてあります。
　左手のカードを見ると「テーブルの上」と書いてあります。
　テーブルには最初に見せた「ポケットの中」のカードが置いてあったはずですが、なんとこのカードが観客の選んだカードになってしまいます。

必要な物

・下記のように準備した3種類のメッセージ・カード
・パケットケース　中身の見えないポケットのついたもの　　1個
・レギュラー・デック　メッセージ・カードと同じ裏模様のもの　1組

Section:3　ゆうきとも

準備

　ブランク・フェイスカードを3枚用意し、それぞれに『左手のカード』『テーブルの上』『ポケットの中』と書きます（**図1**）。

　『ポケットの中』のカードの上に『テーブルの上』のカードをそれぞれ表向きで重ねて、表向きにパケットケースに入れておきます（**図2**）。

　『左手のカード』と書いたカードを術者の胸ポケットに裏向きに出せるように入れておきます。

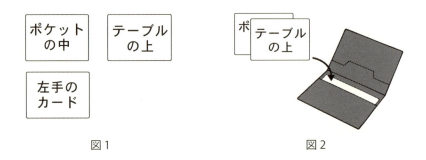

図1　　　　　　　　　図2

手順

　デックから観客に1枚のカードを選んで覚えてもらい、デックに戻してシャフルしたように見せますが、実際はトップにコントロールします。

　左手にデックをディーリング・ポジションで持ちます。

「今日は特別なカードを使います」

　右手でパケットケースを取り出して、デックを持った左手の上に渡して開きます（**図3**）。

　右手でパケットケースから2枚のカードを取り出しますが、両手を立てて、カードの表が観客に見えないようにします。右手親指で、2枚のカードを少しずらせて見せます（**図4**）。

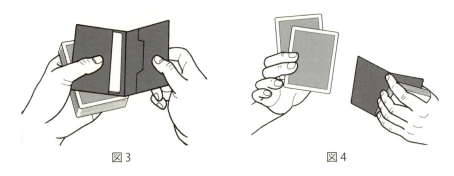

図3　　　　　　　　　図4

「この 2 枚のカードにはメッセージが書いてあります」

左手はパケットケースをテーブルに置きます。

「実はこのカードの順番が大変重要なのです」

この間にデックのトップにある観客のカードの下に左小指でブレイクを作ります。

「ちょっと順番を確認します」

右手の 2 枚のカードを一旦裏向きにデックの上に置き、そろえてから再び右手のビドル・グリップで取り上げますが、この時にデックのトップにある観客のカードも一緒に取り上げます（シークレット・アディション）。

デックを持っている左親指で右手の上のカードを引いて取り、このカードを右手のカード（実は 2 枚）の下にずらした状態で取ります（図 5）。

「この順番が良いですね」

右手を傾けてカードのフェイスを自分の方に向けて順番を確認するふりをします。左手のデックをテーブルの脇に置きます。

以上は、パケットケースから取り出したカードの順を調節するという理由で、アディションを行なうわけです。

右手のカードを左手に渡し、ディーリング・ポジションにそろえて持ちます。

「1 枚目のカードを見ると…」

右手親指を上、人さし指を下にしてパケットの右側に当ててもちます。左手の親指でトップカードを押さえて、右手でボトムから 2 枚のカードをそろえたまま右に引き出します（ボトムからのダブル・リフト）（図 6）。

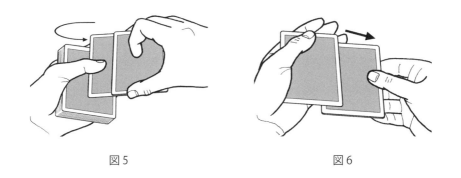

図 5   図 6

右手のカード（2 枚）を横方向にひっくり返して左手カードの上に表向きにして示します。『ポケットの中』と書いたカードが現れます。

「ポケットの中と書いてありますね。では、ポケットの中を見ると…」

Section:3　ゆうきとも

　ボトムカードをプルダウンして、ダブル・ターンノーバーで 2 枚のカードを裏向きに返し、トップの 1 枚のみをテーブル上に裏向きに置きます。これは観客のカードです。
「1 枚のカードが入っています」
　右手で胸ポケットからカードを取り出し、表を観客に見せます。『左手のカード』と書いたカードです。
「左手のカードと書いてありますね。左手にはカードがあります」
　右手のカードを元通りポケットに戻します。
　右手で左手に持っているカードを 1 枚のように（実際は 2 枚）表向きにします。『テーブルの上』と書かれています。
「テーブルの上と書いてありますね。覚えたカードは何でしたか？」
　観客に選んだカードの名前を聞いてから、観客にテーブル上のカードを表向きにしてもらいます。
「あなたのカードですね」
　左手のカードをそろえたままパケットケースに片付けると、リセット完了です。

Section:4
Yuji村上

　12歳でマジックを始め、20歳の時に初めて出場した「グローリアス・マジック・コンテスト」で、最年少ながら準優勝を果たす。
　1994年よりマジックバーへの出演を始め、2年後にプロへ転向。様々なシーンでパフォーマンスを続ける傍ら、オリジナルマジックの創作にも力を入れる。
　その作品は国内外を問わず、多くの有名プロマジシャンに愛用されている。

MEOTO-YOGEN

　これはYuji村上氏のヒット商品である「MEOTO YOGEN」の元になった手順であり、不可能性の高い予言現象です。

現象
　2人の観客に数字を決めてもらい、それぞれにその枚数目に当たるカードを取り出してもらうと、あらかじめ出されていた2枚の予言カードと一致します。

必要な物
　このマジックでは、フォース・カードが複数枚入っているトリック・デックを使います。
　この解説では一人目の観客に「ハートのエース」を、2人目の観客に「スペードのキング」をフォースするという設定で解説していきます。
・ハートのエース　14枚
・スペードのキング　13枚
・ジョーカー　1枚
・ハートのエースとスペードのキング以外のレギュラー・カード　25枚
・予言用ハートのエースとスペードのキング　各1枚

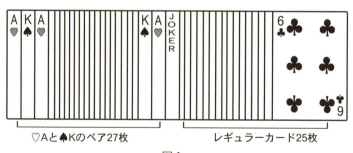

図1

準備

ハートのエースとスペードのキングを1枚ずつ交互に重ねたパケットを作ります。ハートのエースの方が1枚多いので、トップとボトムの両方ともハートのエースとなります。

そのパケットのボトムにジョーカーを置き、そのままレギュラーカードの上に重ねればセット完了です。

トップからフォース・パケット、ジョーカー、レギュラー・カードの順になります（図1）。

手順

2人の観客にお手伝いをお願いし、1人目の前に予言用ハートのエースを、2人目の前に予言用スペードのキングを、それぞれ裏向きに置きます。

「今から枚数目で選ぶカードの予言というマジックをします。これらがその予言です」

デックを取り出し、
「ジョーカーは使わないので抜いておきます」
と言って表向きに広げていきます。

このとき全体を大きく広げてしまうと同じカードが見えてしまうので、ボトムから少しずつ広げて探すようにします。

ジョーカーが出てきたら、右手で今まで広げてきたレギュラーカード部分を、ジョーカーを含めて持ち上げ、そのまま右手のみでジョーカーを邪魔にならないところに置きます。そのあと両手のパケットを重ねるとき、先程とは逆になるようにします。つまり左手パケットの方を、右手パケットの上にのせてそろえるのです。

デックを裏向きにし、ボトムのフォース・パケット部分を崩さぬようにフォールス・シャフルし、1人目の客の前に裏向きに置きます。私はデックの上半分のみでヒンズー・シャフルをする方法を使っていますが、お好みの方法で行なって構いません。

2人の観客に、
「今からお2人には、心の中で好きな数字を決めていただきます。好きなと言いましたがトランプの枚数内、つまり1から52の中でお願いします。ただ、お2人とも同じ数字だったり、1つ違いだったりするよりは、大きく離れた数字が選ばれた方が面白いと思いますから（1人目の観客に向かって）あなたは大きな

偶数、つまり27より大きな偶数の中で好きな数字を決めてください。（2人目の観客に向かって）あなたは小さな奇数、つまり26より小さな奇数の中で好きな数字を決めてください」
　と説明し、それぞれに数字を決めてもらいます。

　「選ばれた数の枚数目にあるカードを使います」
　と言ってから、1人目の観客に選んだ数を聞きます。
　「私はトランプに触らないようにしますので、ご自身の手でその枚数を配ってください」
　デックを取り上げてもらい、1枚ずつ数えながらテーブルに置いてもらいます。このとき裏向きのまま、テーブル上に1枚ずつ重ねていきつつカウントするようにしてもらいます。
　選んだ数の枚数分配った所で止めて、その枚数目のカードのみを横に置いてもらいます。デックのシステム上、選ばれた数が何であろうがそのカードはハートのエースになります。
　手に残ったパケットをテーブルの山にのせてそろえてもらい、そのまま2人目の観客に手渡してもらいます。

　2人目の観客に決めた数字を聞き、先ほど同様にその数字の枚数分配ってもらい、枚数目のカードのみ横によけてもらいます。選んだ数が何であれ、そのカードはスペードのキングです。

　両方の観客に、
　「では選んだカードの数字とマークを確認してください」
　と言いながら、2人目の観客の手に残ったパケットを裏向きのまま受け取ります。そしてすぐにもう一方の手でテーブル上の配られた山を取り上げ、その上に重ねます。
　これでフォース・カードは全て上半分にきます。

　「選ぶ数字が少しでも違えば、全然違うカードになっていました」
　と言いつつデックを表向け、上半分の範囲内で軽く広げてバラバラなカードを示します。
　「それでも今日はこのカードが選ばれると思っていました」
　それぞれの予言カードを見せ、どちらも一致していることを示して終わります。

Afternoon Prediction

　近年、Yuji 村上氏は多くの新しいカードマジックを考案し、そのうちいくつかは商品として販売されています。長年の経験から生み出されたそれらの作品はシンプルで実践的であり、多くのマジシャンに好評を得ています。
　今回掲載する作品は、地味な中にも味のある小品であり、村上氏のこだわりを感じさせるものです。

現象

　5枚のカードを操作し、最後に残るカードが予言されています。もう1度繰り返すと、同じように予言が当たりますが、さらに…。

必要な物

　このマジックでは7枚のカードを使用しますが、スートはお好みのもので構いません。ここでは、私の使用しているハートのパターンで解説を進めます。
・青裏のハートのエース～5　各1枚
・赤裏のハートのエースと4　各1枚

準備

　赤裏の2枚は予言用です。裏に「予言」の文字を書き入れておきます。このとき、ハートの4の裏には「予言①」と、Aの裏には「予言②」と書き込みます。更にハートのエースには、表側の下の方に、「全て順番」の文字を書き入れます（図1）。

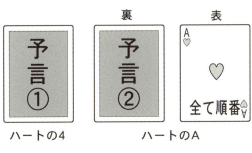

図1

予言に赤裏を使ったのは、ペンの黒いラインが分かり易いからです。読み易く書けさえすれば逆でも構いませんし、もちろん他の色でも構いません。ちなみに私は、ブランク・バックを使用しています。古くなったメンタル・フォトグラフィー（白くなるトランプ）を廃物利用しているだけなのですが。

セット

青裏の5枚を、トップから5、4、3、2、エースと順になるよう重ねておきます。

手順

「今から5枚のカードを使った予言のマジックを、2度続けてお見せします。この2枚がそれぞれの予言です」

と言って、カードを裏向きに取り出し、予言の2枚を裏向きのままテーブルに並べて置きます。

「使うのはハートのエースから5です」

5枚のカード全体を表向け、広げてエースから5であることを確認します。ここではそのまま広げるだけで、順番を入れ換えないようにします。

「順番は崩しておきます」

5枚のカードを混ぜますが、ここでは次のようにフォールス・シャフルします。

・パターンＡ

5枚のカードを裏向きで左手にディーリング・ポジションで持ちます。左手親指でカードを押し出しながらズラし、まずトップの1枚を裏向きのまま右手に取ります。次に残り4枚中のトップ2枚を同時に押し出し、右手カードの上に取ります。最後に残った左手の2枚を右手カードの上に置きます。

・パターンＢ

「パターンＡ」の動きを、最初に2枚、次も2枚、最後が1枚という配分で、右手へ移していきます。

「Ａ」→「Ｂ」（あるいは「Ｂ」→「Ａ」）とそれぞれ1度ずつ行なうと、パケットは元の順に戻ります。また、どちらか一方を5度続けて行なっても、元の順に戻ります。

軽く混ぜる程度で進みたい場合は、どちらか一方（例えば「Ａ」）で混ぜた後、いったん客側に表を広げて混ざっていることを示し、揃えてからもう片方（ここでは「Ｂ」）を行ないます。

よく混ぜたように見せたい場合は、どちらか一方を5度続けます。3度ほど混ぜた辺りでいったん客側に表を広げて見せ、混ざっていることを確認してから残りを混ぜるようにします。
　いずれの場合も術者は表を見ないようにします。

　「このマジックでは、『ダウン・アンダー』や『アンダー・ダウン』と呼ばれる操作を行ないます。上から1枚ずつ、下に回す動きやテーブルに置く動きを交互に繰り返し、最後まで残った1枚を使うのです。この場合、最初の状態が非常に重要ですので、今から1枚ずつカードを下へ回していきますから、お好きな所でストップと言ってください」
　と説明し、ストップをかけさせる観客を指名します。
　術者はトップからボトムにカードを送り始めますが、実際には次のように行ないます。

①左手でディーリング・ポジションにパケットを持ち、左手親指でパケットの左上コーナーを、人差し指の付け根近くに押さえるようにはさみます。
　そのままプッシュ・オフの要領でボトム以外の4枚を丸ごと押し出します（図2）。

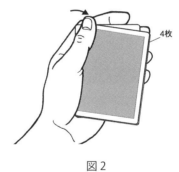

図2

　右手でこの4枚を持つとき、人差し指のサイドを使ってパケットの右側を少し押すようにしてからつまむようにします（図3）。
　こうすると4枚のズレが揃えられ、より1枚の見た目に近付きます。つまんだ右手のカードを左手カードの下に回します（図4）。

②左手パケットのトップ・カードを、左手親指で1枚押し出し、右手で取って左手パケットのボトムへ回します。

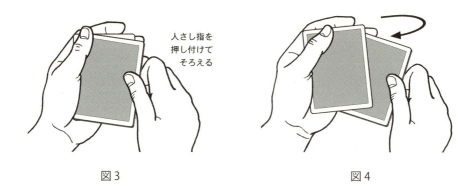

図3　人さし指を押し付けてそろえる

図4

　普通に1枚を送るだけなのですが、①の動きと同じに見えるように気をつけて行ないます。

　この2種類のムーブを①、②、①、②……と、客がストップをかけるまで繰り返します。見た目は1枚ずつ回していたように見えていますが、実際にはストップがかかったとき、次の2パターンのいずれかになっています。

a．①の動作後にストップがかかり、エースがトップに移動した状態になっている。
b．②の動作後にストップがかかり、元の順番に戻っている。

　このどちらになっているかでこの後のハンドリングが変わります。以下、別に解説します。

a．①の動作後にストップがかかり、エースがトップに移動した状態になっている場合

　「ではこの状態で最初の予言マジックをスタートさせます。先ほど説明した通り、まず1枚を下に回し、次の1枚をテーブルに置くという動作を、最後の1枚が残るまで繰り返します」
　アンダー・ダウンを行います。最後に残ったカードを表返すとハートの4です。予言①を表向け、一致していることを示します。
　「では2回目を始めます」

先ほどのハートの4を、テーブルの4枚の上に裏向きで乗せて全体を取り上げ、左手に持ちます。そのまま先ほど同様にアンダー・ダウンを行なうと、次はハートのエースが残ります。予言②を表向け、一致していることを示します。

　「しかも『全て順番』と書かれていますね。これはこういうことを指しています」
　と言って、テーブルの4枚をそのまま丸ごと取り上げ、全体を表返します。順番に2、3、4、5と並んでおり、予言が的中していることを示し、終わります。

b．②の動作後にストップがかかり、元の順番に戻っている場合

　「ではこの状態で最初の予言マジックをスタートさせます。先ほど説明した通り、まず1枚をテーブルに置き、次の1枚を下に回すという動作を、最後の1枚が残るまで繰り返します」
　ダウン・アンダーを行ないます。最後に残ったカードを表返すとハートの4です。予言①を表向け、一致していることを示します。
　「では2回目を始めます」
　先ほどのハートの4を裏向きにし、テーブルの4枚のボトムへ指し込み、すくい上げるように全体を取り、左手に持ちます。そのまま先ほど同様にダウン・アンダーを行なうと、次はハートのエースが残ります。予言②を表向け、一致していることを示します。

　「しかも『全て順番』と書かれていますね。これはこういうことを指しています」
　テーブルの4枚をそのまま丸ごと取り上げ、全体を表返します。順番に2、3、4、5と並んでおり、予言が的中していることを示し、終わります。

Section:4　Yuji 村上

Windom & Miclas & Agira

　『カード・アンダー・ザ・グラス』等の、いわゆる『いつの間にか』系のマジックは、特にバーなどの酔客には大変受けるものです。
　ここで紹介する Yuji 村上氏の作品もそのような実践の現場から生まれたものです。ユニークなのは、最初に『宣言』をして、それを『いつの間にか』実行してしまうという点です。ひとつ目の現象が生み出すミスディレクションが、この不可能な現象を見事に達成しています。タイトルは、ジョーカー2枚とカードケースという3つの助っ人を表わしていて、これもまた、大変ユニークです。

現象
　2人の観客がそれぞれに選んだカードを、1枚はジョーカーが、もう1枚はカードケースが見つけ出します。

必要な物
・レギュラー・デック　1組
　ジョーカーが2枚入っていることが必要です。

準備
　デックのトップに2枚のジョーカーを置き、ケースに入れておきます。

手順
　「今から、お客様が選んだカードをトランプのケースが探し出すというマジックをします」
　ケースからデックを取り出し、カードケースの方を示します。

　「実はケースには、選ばれたカードを見つけ出し、このように捕まえるという能力があるのです」
　デックのトップ1枚（ジョーカー）を裏向きでテーブルに置き、その上にケースをポンと置いて示します。これは、単にカードを捕まえる形を見せるためのデモンストレーションです。

「ただ、ケースがカードを見つけるには数分間かかってしまいます。その間ジッと待っていても退屈ですので、時間稼ぎに別のマジックも同時進行させます」
　ケースを取り、テーブル上の演者から見て左方に置きます。このとき、無理せず手が届く範囲内で、なるべく遠い所に置くようにします。

「それは、2枚のジョーカーがお客様のカードを探し出すというマジックです。実はジョーカーにも選ばれたカードを見つけ出す能力があるのです。彼らはもっと短時間で探してくれますが、捕まえるカードの近くにスタンバイさせてやらないといけません」
　テーブル上のジョーカーと、デックのトップのジョーカーを表向きにして示し、デックのトップとボトムに表向きに置きます。

「まずは本編となります。ケースが探す方のカードを選んでください」
　演者から見て左側の観客にカードを選んでもらいます。ここでは、演者の手の間に送っていくカードの1枚を触って選んでもらいます。このとき、なるべくデック中央付近のカードを選んでもらうようにします。
　デックを両手の間に広げたまま、選ばれたカードが右手のカードのボトムにくるようにデックを分けます。
　そのまま右手を立てて表を観客に見せて、選んだカードを覚えてもらいます。
　右手のカードを左手のカードの上に戻しますが、選ばれたカードを半分ほどアウト・ジョグして、観客のカードの位置がわかるようにして置きます。
　この時の動きはコンビンシング・コントロールをするときと同様に行ないます。ただし、シークレット・ムーブは行なわないで、正直に観客のカードをアウト・ジョグします。

「ケースが探すカードですから、なるべく近付けないようにしましょう」
　ケースから距離を取りつつ右側の観客の方へ移動します。これはケースには近付いていないという印象を残すために重要な台詞です。

「では、ジョーカーが探す方のカードを選んでください」
　先ほどと同様の動きでデックを両手の間に広げて、右側の観客にカードを選んでもらいます。カードを送るのは先ほど選ばれたカード、つまりアウト・ジョグされたカードのところから始めて、そのカードよりもボトム側のカードを選んでもらいます。
　そして、観客に選ばれたカードから広げたカードを分けて右手に取り、右手を立てて表を見せてカードを覚えてもらいます。

観客の覚えたカードをアウト・ジョグする動きで、今度はコンビニシング・コントロールを行って、選ばれたカードをボトムに移動させつつダミー・カードをアウト・ジョグします（**図1**）。

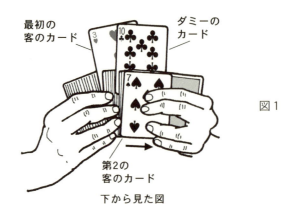

図1

アウト・ジョグされた2枚のカードをデックにそろえますが、この時に上側のカード（最初に選ばれたカード）の上に左小指でブレイクを作ります。2枚のカードをプル・スルーの要領でイン・ジョグさせてからデックをそろえれば、楽にブレイクを作ることができます。

「まずはジョーカーがカードを捕まえます」
両手でデックを軽く振るような動作の中で、ブレイクのところからクラシック・パスを行います。ジョーカーが消えたように見えます。

「ジョーカーは選ばれたカードを探しに行きました」
ディーリング・ポジションで左手に持ったデックを、右手で表向きにしますが、このとき右手はデックの前端（観客側）をつかみ、前方に引き出して、手前に返します（**図2〜図3**）。このようにすることで、左手の手のひらを観客に見せない角度で、デックを返すようにすることができます。これは普通にデックを返しているだけですが、次の段への布石となります。

「1枚は下に、1枚は上にとドンドン移動しています」
デックの上数枚を送ってフェイスを見せ、ジョーカーがないことを示します。
これをそろえる動きの中で、1番下のカード（2人目の観客のカード）をバックルし、その上に大きめのブレイクを作ります。

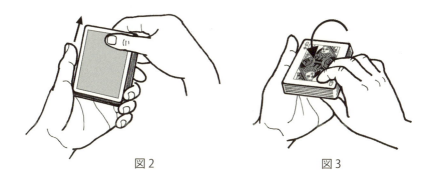

図2　　　　　　　　　図3

そして、先程と同じようにデックを返して裏向きに戻したように見せますが、実際はブレイクより上のデックのみを裏返し、一番下のカードはそのまま左手に残します。浅いギャンブラーズ・パームのような形に保持すると、このカードは観客からは見えません（図4～図5）。

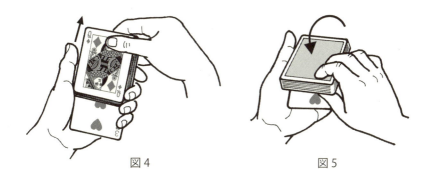

図4　　　　　　　　　図5

トップ数枚を1枚ずつ右手で取っていき、フェイスを観客に見せてジョーカーがないことを示します。

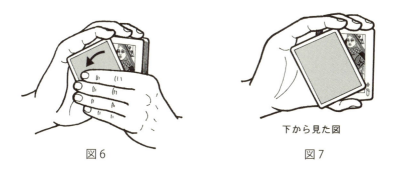

図6　　　　　　　下から見た図

　　　　　　　　　　図7

これを戻してそろえる動作で、一番下のカードを図6のようにスライドさせて、ボトム・パームの準備をします（図7）。

「そろそろ捕まえていると思います。確認して見ましょう」
デックをテーブル状に広げるため、右手でデックを持ち上げます。同時に左手は一番下のカードをパームします（図8〜図9）。

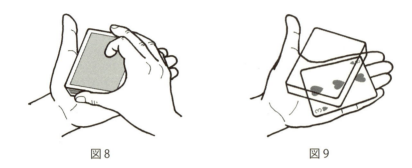

図8　　　　　　　　　　　図9

デックをスプレッドさせるために、右手を右前方へ移動させます。
同時に左手はテーブル状のケースの手前に持ってきて、パームしているカードをテーブルに押さえるように置きます。
右手はデックをテーブル上に左から右下方にリボン・スプレッドで広げ始めます。左手の動きはワンテンポ遅らせるために、まだここでは動かしません（図10）。

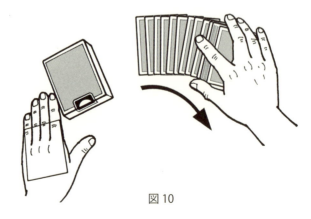

図10

リボン・スプレッドを続けると、中央に表向いた2枚のジョーカーが、1枚の裏向きのカードをはさんでいるのが見えます。

これが現れて初めて、左手はパームしていたカードをテーブルに残し、ケースを持って動かしてそのカードの上にのせます。ケースを大きく持ち上げる必要はなく、ケースの手前を1～2センチ持ち上げて前端をテーブルにつけたまま引くだけです（図11）。

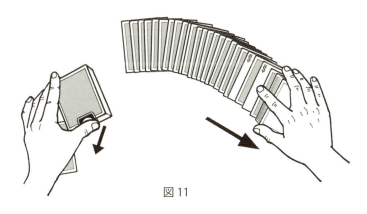

図11

　さらにリボン・スプレッドを続けて、デック全体を広げきります。同時に左手をケースから離し、2枚のジョーカーと間にはさまったカードを抜き出す動作に移ります。もちろん左手がケースから離れたところにあり続けた印象を残す目的もあります（図12）。

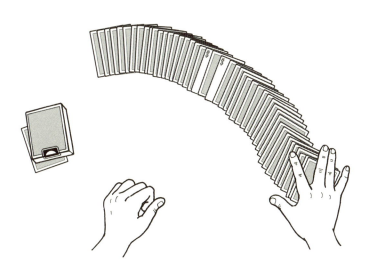

図12

時間的にはほんの1秒程度の動きです。左手でケースを動かすこと自体を慌てる必要はありません。むしろ急ぐと動作が目につきやすくなるので、落ち着いてゆっくりと行ないます。もちろん一連の動作中にケースを見てはいけません。スプレッドされたデッキと中央のジョーカーを見ながら、その直前と同じように話し続けるようにします。
「ほら、本当にジョーカーはカードを捕まえているでしょう」

　2枚のジョーカーと挟まれた裏向きのカードを残し、デッキをそろえてテーブルの右側に置きます。もちろんケースに近付かないようにするためです。
　テーブルの3枚を取り上げ、間のカードを抜き出してフェイスを観客に見せ、ジョーカーが2人目の観客のカードを捕まえたことを示します。

「さて、そろそろカードケースも選ばれたカードを探し終えたのではないでしょうか」
　カードケースを見て、下に1枚のカードがあることを示します。
　ケースの下からカードを取り上げて、最初の観客に選ばれたカードであることを示し、終わります。

Section:5

HIROSHI

　1988年「第4回勝手に選ぶ学生マジシャンNo.1」にてグランプリを獲得。
　プロ転向後、芝居公演や有名アーティストのミュージッククリップなど、様々なシーンで活躍。バーやレストランのクロースアップから劇場型のステージまで、テクニックを生かしたマニピュレーションの演技を得意とする。
　オリジナルな技術を駆使したコインマジックは、独自の進化を遂げて注目されている。

Section:5　HIROSHI

3-0-3

　マジックのカテゴリーの中でも、コインマジックはかなり難しいと言われます。それは基本的にスライハンドで行なうものであり、テクニックの完成度が問われる分野であるからに他なりません。だからといって、超絶技法に魅かれるあまり、ジャグリングのように見えてしまう演技者もあり、これはまたマジックの表現としては、違うのではないかと思います。
　この分野でオリジナルな現象を生み出すのはなかなか容易なことではありません。長年 HIROSHI 氏はステージでもクロースアップでも、独自のコインマジックを演じています。今回は氏のレパートリーの一端を紹介してもらいます。

現象
　3枚のコインが手の中で1枚ずつ見えなくなり、再び見えるようになります。立った状態で、机がなくても行なえます。

必要な物
・コイン3枚。
　私は500円玉を使っていますが、ワンダラーから100円玉まで様々なコインで行なえます。
　腕時計をしておくか、袖が締まったシャツを着ておくと、より行ないやすくなります。

必要な技法
・フォールス・パス、クリック・パス。
　ユーティリティ・ムーブとして「クリック・シャトル・パス」という技法を使います。
・リスト・レスト・ポジション
　コインを見えない位置に保持する「リスト・レスト」というポジションと、そこにコインを移す「丘越え」という技法を使います。

手順

〈1枚目の消失〉

右手のひらに3枚のコインを並べて示します。

次のようにして、右手から左手に1枚ずつコインを置いていきます。

1枚目のコインを左手のフィンガー・パームの位置に置きます。

2枚目のコインは左手のクラシック・パームの位置に置きます。

3枚目のコインを置きにいきますが、この時に次のようにして、クリンク・パスを行ないます。

右手のコインを左手に置く動作で、左手の指を曲げてフィンガー・パームの位置コインを、クラシック・パームのコインの上に落として音をたてます。同時に、右手のコインは曲げた左指の陰でフィンガー・レスト・ポジションに保持し、右手を引きます（**図1～図3**）。

（このクリック・パスは文献は残っていないのですが、石田天海師の方法だと伝えられているそうです）

左手を握り、軽く息を吹きかけてマジカル・ジェスチャーとします。

左手を開いて、コインが1枚消えたことを示します。

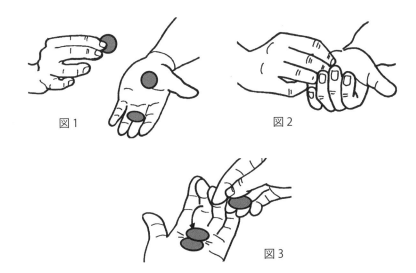

図1　図2　図3

〈2枚目の消失〉

コイン2枚を右人差し指で指し示しますが、コインを右人差し指でずらして「丘越え」の準備をします。コインの位置は、1枚目がクラシック・パームからやや手首寄り、2枚目はその上で、やや指先側です（**図4**）。

Section:5　HIROSHI

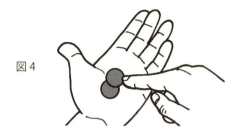

図4

この動作の間に、右手のコインはクラシック・パームに移します。

左手を握りながら、「丘越え」を行ない、コインをリスト・レストポジションに移します。これは次のように行ないます。

左手を握りながら、掌を少し手前側に傾けると、上側のコインが下側のコインの上を滑ってスライドします。勢いがついたコインは掌丘をのり越え、手首まで動いて来ます。このコインの動きを助けるためほんの少し腕を上下に動かしますが、掌丘を越える前には上に、越えてからは下に動かすようにします。この左腕の動きは本当に小さいものです（**図5〜図6**）。

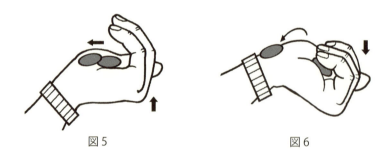

図5　　　　　　　　　　　図6

この間に、息を吹きかけるマジカル・ジェスチャーを行ないます。これは、手首を少し上げる動きをカバーするのにも役立ちます。

左手を開いて、2枚目のコインが消えたことを示します（**図7**）。

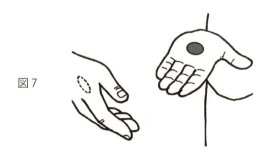

図7

〈3枚目の消失〉

　左手のひらのコインを右手でつまみ上げて示します。

　このコインを左手のひらに戻しながらリテンション・パスを行ないます(図8)。

　左手首にはコインがのったままですので、左手の位置を動かさないようにし、軽く息を吹きかけてマジカル・ジェスチャーとします。

　左手を開いて、3枚目のコインが消えたことを示します（図9）。

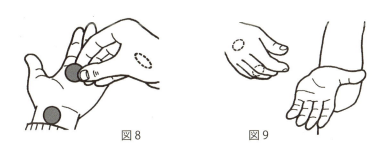

図8　　　図9

〈1枚目の出現〉

　空の左手を見せながら、そこに「見えないコイン」がある、と説明します。

　右手で左手の手のひらの「見えないコイン」を取りに行きますが、この時、右手のフィンガー・チップ・レストのコインを左手に落とし、左指は曲げてコインが見えないようにします。

　見えないコインを、右手でつまんで見せるふりをします（図10）。

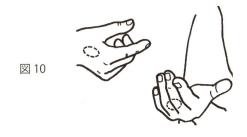

図10

　右手の「見えないコイン」を左手に落とすふりをします。左手のコインはラムゼイ・サトリティで隠されています。

　左手を一旦握ってから開いて、1枚目のコインが現れたことを示します。

〈2枚目の出現〉

　左手のひらのコインを、右人差し指でクラシック・パームの位置にずらします。

Section:5　HIROSHI

　このコインを、左手を返して右手に移すと見せかけて実際はクラシック・パームに保持し、手首にあるコインを右手に落とします（図11～図13）。

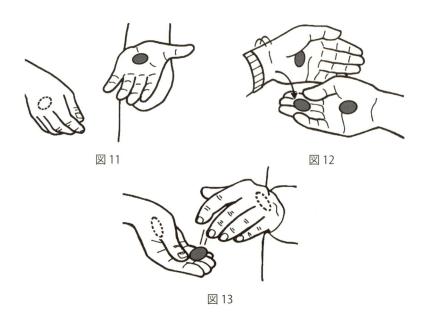

図11　　　　　　　　　　　図12

図13

　右手のクラシック・パームしているコインは、カップス・サトリティで見えない角度に保持します。渡されたコインは右指先に持ちます。
　コインをクラシック・パームしている左手を一旦握ってから開いて、2枚目のコインが現れたことを示します（図14）。

図14

〈3枚目の出現〉
　左手のコインを示しながら、親指でフィンガー・パームの位置に持ってきます。
　右手を少し下げて、指先のコインをフィンガー・チップ・レストの位置に移します（図15）。

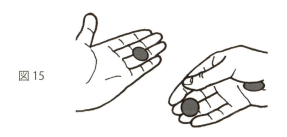

図15

ここで、次のようにして、クリック・シャトル・パスという技法を行ないます。

　左手は、コインを右手に投げ渡すように見せて手のひらを返し、コインをフィンガー・パームします。

　右手は手のひらが上になるように返しながら、フィンガー・チップ・レストのコインを指先で投げ上げ、落ちてくるコインが、クラシック・パームしているコインに当たるようにして音を立てます（**図 16 〜図 17**）。

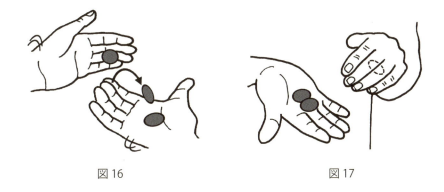

図 16　　　　　　　　　　　　図 17

　タイミングが合っていれば、コインが本当に左手から右手に投げ渡されたように見えます。また、コインがぶつかる音が効果を強調しています。

　コインをフィンガー・パームしている左手を一旦握ってから開いて、3枚目のコインが現れたことを示します。

　このコインを右手に移して、観客に3枚のコインを示して、手順を終わります。

　この3回の出現は、「ただ手を開いただけでコインが1枚出現し、それを右手に渡す」という同じ動きが3回繰り返されるように見えます。

　出現の前にも、おまじないの仕草や言葉を加えると効果的です。私は強く手を握るという仕草で、現象を強調するようにしています。

HIROSHI 氏からのコメント

手順構成について
　コインの出現現象から続けて行なうこともできます。私自身は、『見えないコインをテーブルからつまみ上げると見えるようになる』という現象を行なった後、「もともと見えないコインですから、握っておくとまた見えなくなります」というセリフに続けるようにしています。

滑り止め
　手首に滑り止めを塗っておくと、技法が行ないやすくなります。
　乾燥肌の人は特に、薬局で売っている『グリセリン』を薄めたものを演技前に手指につけておくと、マジックの演技全般を行ないやすくする効果があります。
　即興で行なう場合は、演技直前に手首を『舐める』のも効果があります。前髪を直す仕草や、眼鏡を押し上げる動きで行ないます。

クリック・シャトルパス
　クリック・パスをジェイ・サンキーのエアリアル・シャトル・パスの動きで行なうものです。ジェイ・サンキーはクラシック・パームを使っていますが、私は通常のシャトル・パスと同じように左手はフィンガー・パームのポジションから行なう方が、ラムゼイ・サトリティが使えるので良いと思います。

リスト・レスト・ポジション
　左手首の上、というポジションについては、私自身が昔考案して使っていたのですが、後にJ.B.Bobo『Modern Coin Magic』の34ページにある「The New Era Coin Go」という技法の中に記載があるのを発見しました。
　その記述の中では「手首に置く」という説明だけで、ポジションにも技法にも名称がありません。また、サロン・ステージ用なので「観客から6フィート以内では演じるな」という注意書きがあります。消失後のコインの回収は手を下げることで行ないます。
　また別の例として、根本毅氏によるレクチュア・ノート『アラカルト2・奇術傑作選8』には、桜井健太郎氏による「スロー・モーション・コイン・バニッシュ」というコインバニッシュが掲載されています。これも同じポジションを使うもので、指で押し出すことでポジションに移動し、回収は右親指で行なう、という使い方になっています。
　どちらの例もコイン1枚のみの消失と出現で、指が直接このポジションにあるコインを触る必要があります。これをコイン1枚ではなく2枚にする事で、

移動や回収の際に直接このポジションに指を触れなくていいようにし、手のひらのコンディションにも影響を受け難くした、というのが、今回使っている技法のポイントです。

フォールス・パスの「引く方の手」について

　今まで私が読んだどの解説も、コインを特定のポジションに移す指先の形や動きの説明であり、パームして引く方の手の「腕の動き」について詳しく解説したものを読んだことがありません。しかし、フォールス・パスの動きで最も習得しにくいのは「渡し終った後に引く手の動き」ではないでしょうか。

　「力を抜け」「手が死んだように」という言い方をよく聞くのですが、これには疑問があります。本当に力を抜いては技法が成立しませんし、実際にコインを手から手に渡した場合も、そんなに極端に力を抜いている訳ではありません。本当に必要なのは、観客の目から見て目立たない動きを覚えて、そのとおりに動かす、ということではないでしょうか。この点で、フォールスパスの引く側の手は「無為自然」ではなく「目立たせないようにするための動きを意識的に作る」ことが必要だと思います。

　もちろん、フレンチ・ドロップのように、渡し終わった手をまったく動かさない、という方法で目立たないようにすることも可能ですが、通常はフレンチ・ドロップであってもパームした手をそのまま固定していては不自然で、後で特定の場所まで動かす必要があります。この、両手が合わさった位置から目的の場所まで動かすのに、どういう動きが目立たないのでしょうか。

　上に上げると強調、下に下げると目立たない、というのはよく言われますし、何か別の目的を作ってそのための動きに隠す、という方法はあります。ただ、強調の動きならマジック以外の分野でも多くの例がありますが、その逆の「気配を消す」動きは、忍術や武術の物語にはよく出てくるものの実体は不明で、単独の技術として語られる例が非常に少ないように思います。

　具体例として私が考えるのは、「放物線を描く」ように動かすのが目立たない動きだ、ということです。横方向には等速、上下方向は重力に引かれるように、上方向なら減速、下方向なら加速。もっと簡単に言うなら、手に持った小物を投げて、その軌跡や速度の変化をなぞるようにするとそのまま放物線になります。また、演技のリズムによっては動き全体の速度をアレンジしても良いと思います。

　これが、ただ一直線に引いてしまうと非常に目立ちます。たとえば両手がそれぞれ反対方向に一直線に動いた場合、まるでゴムヒモを引っぱるかのような奇妙な動きになります。

　また、重力に引かれるといっても、まっすぐ下に落とすのも不自然で、少し上に上げてから下げる動きが必要です。ほんの10センチ程度の動きでも、この「上

下方向の速度の変化」を意識するだけで自然さが向上します。

「渡したように見えない」「パームした手が死んでいない」という指摘をよく受ける人は、この放物線の動きを意識するとかなり違ってくるのではないでしょうか。実際、パスに必要な項目のうち指先の関わる割合はそれほど多くなく、たとえば指先の動きがまったく無くても、フォールス・パスは可能です。特にシルクのロールバニッシュなど、指先での表現がしづらいパスの場合、体の返しや視線、重心移動など「指先以外の技術」のひとつとして、「引く方の手の動き」を考えてみるのも必要なのではないか、と思います。

なお、これは余談なのですが……重力が「自然さ」に関わるのだとすると、無重力で暮らす人にとっては、地上で身につけた「自然な動き」は不自然に見えるんでしょうか？

重力のもとに暮らす私達から見ると、無重力の映像は相当奇妙に見えるのですが、立場が逆だとやっぱり奇妙なんでしょうか。宇宙育ちの人のための"Be Natural"とは何か、とか想像してみるとSF的ですね。

J.B.Bobo『Modern Coin Magic』

1952年にハードカバーで出版された古典的名著。

コインマジックの百科事典といった感じの大型本でしたが、1982年にペーパーバック版が発売された際には、非常にコンパクトかつ安価（$6.50）になっていました。コインを研究される方には有用な本だと思います。

2004年にNew Dawn Press社から復刻版も出ています。やや高価ですが、こちらの方が手に入りやすいと思います。

3&3

　これは通常のコインと、ジャンボ・コインのプロダクションを、同様の動きでシンプルにまとめ上げた手順です。一般の観客にも強烈な印象を残すことができる手順構成の見本とも言えるものです。

現象
　卓上の「見えない何か」をつまむと、3枚のコインが現れます。
　続いて、3枚のジャンボコインが現れます。

必要な物
・コイン　3枚
・コインと同種のジャンボ・コイン　2枚
・同種のジャンボ・コインのエクスパンデット・シェル　1枚
　（HIROSHI氏は500円玉とそのジャンボ・コインを使っています）

準備
　右手に、コイン2枚をクラシック・パーム、1枚をフィンガー・パームの位置に保持しておきます。
　ジャケットの右ポケットにジャンボ・コイン1枚、左ポケットにシェル付きジャンボ・コインをシェルが内側（体側）になるように入れておきます。

手順
〈3枚のコインの出現〉
　「最初に、テーブル上にあるものを使ってマジックをやってみましょう」
　と言いつつ、左手で卓上の何かをつまむふりをします。
　つまんだ何かをよく見せる、という動きで、実際には左手に何も持ってないこともよく見せます（**図1**）。
　この見えない何かを左手から右手に取りあげますが、この時、右手フィンガー・パームしているコインを、左手のフィンガー・パームの位置に落とします。

Section:5　HIROSHI

「これ、見えますか？」
　右手はつまんだ形のまま、一旦顔の高さまで上げます。
　つまんでいる『見えない何か』を再び左手に落とすふりをします。左手コインはラムゼイ・サトリティーで空のように見せます（図2）。

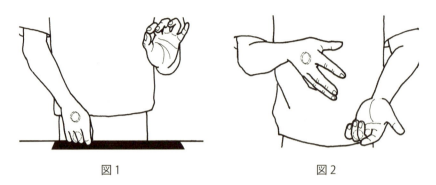

図1　　　　　　　　　　　　図2

　左手を握ります。
「見えにくいと思いますが、だんだん見えるようになります。これは……コインなんです」
　左手を開けると、1枚目のコインが出現します。
　この時、右手の2枚のコインのうち1枚を、フィンガー・パームに落としておきます。
「このコインは平成……18年のものですね」
　と言いつつ、コインを右手に渡して年号を見るふりをします。実際は、シャトル・パスを行ない、左手フィンガー・パームに1枚残します。私は右手コインを跳ね上げて受け取る、エアリアル・シャトル・パスを使っていますが、通常のシャトル・パスでもいいと思います。カップス・サトリティでクラシック・パームしているコインを隠して、右手指を見せながら行なうと、右手のコインが1枚だけに見えます。
　年号は演技している時の年に近いものを適当に使ってください。このセリフは、コインを手から手に、向きを変えながら移して表面をよく見る、という動作の意味付けになっています。

　テーブル上に視線を移し、何かを発見したように見ます。
「そしてこちらは……」
　左手はコインをフィンガー・パームしたまま、もう一度卓上の何かをつまみに行きます。

この時、右指先のコインは、フィンガー・チップ・レストの位置に直しておきます。

左手を握って開きます。2枚目のコインが出現します。

「平成20年ですね。」

左手に持ったまま指先にずらして、コインの年号を見ます（図3）。

「もう1枚ありますね」

卓上を見ながら、シャトル・パスを行ないます。私は先のマジックで解説した「クリック・シャトル・パス」を使って、右フィンガー・チップ・レストのコインを、クラシック・パームしているコインに当てて、音を立てています。

「これもそうです」

左手で卓上から何かをつまみ上げる動作を繰り返し、左手フィンガー・パームのコインを指先に出現させて、右手に渡して音を立てます。

3枚のコインを卓上に置きます。

〈3枚のジャンボ・コインの出現〉

3枚のコインをポケットにしまいます。

この時、2枚のコインを右手で右ポケットに、1枚のコインを左手で左ポケットに入れます。

ポケットの中で右手にジャンボ・コイン、左手にシェル付きのジャンボコインを、それぞれプレッシャー・パームしておきます。

「あれ？もう1枚ありますね」

と言いつつ、左手をポケットから出します。人差し指でテーブルを触ります。プレッシャー・パームしているので親指は使えませんが、伸ばした人差し指の先で机をなでて、その指を見る動きをします（図4）。

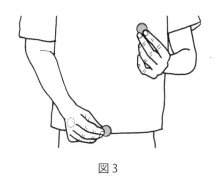

図3

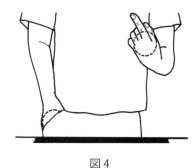

図4

Section:5　HIROSHI

　シェル側が観客を向くようにコインを現します。このコインが出現している時に、右手をポケットから出します。
　エアリアル・シャトルパスをジャンボ・コインで行ないます。これは、以下のように行ないます。
　左手は親指側に突き出した形でシェル付きコインを持ちます。
　この時、シェルのふちを小指と親指で持つと、手を返しても掌側にあるコインが落下せず保持できます（**図5**）。

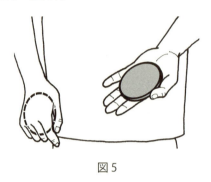

図5

　右手ジャンボ・コインは、フィンガー・チップ・レストポジションに移しておきます。
　体全体はやや左向きになります。
　左手を返しながら、右手のジャンボ・コインをタイミングを合わせて投げ上げ、再び右手で受け取ります（**図6～図7**）。タイミングが合えば、左手のコインを投げて右手で受け取ったように見えます。右手のコインは卓上に置きます。

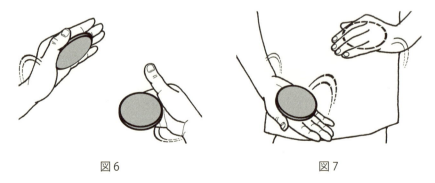

図6　　　　　　　　　　　　　　図7

「もう1枚」
　と言いつつ、左手のシェル付きコインをプレッシャー・パームに戻しながら、卓上を触ります。

170

ジャンボ・コインを現しますが、コインを観客に見せながら左手の上でひっくり返します。シェルが掌側に来るわけです。
　一枚目と同じようにシェルのふちを持って手を返しますが、今度は中のコインだけが右手に落ちます（**図8〜図9**）。

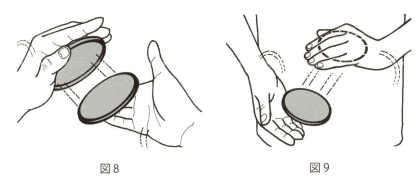

図8　　　　　　　　　　　　図9

　右手に落ちたジャンボ・コインは卓上に置きます。
「もう1枚あります」
　と、今までの2枚と同じように卓上からシェルを現しますが、シェルの裏面が見えないように手の甲を観客に向けたまま、親指で押し上げて現わします（**図10**）。
　シェルを卓上に置き、3枚のジャンボ・コインが出現したことを示して、演技を終えます。

図10

HIROSHI氏からのコメント

　通常のコインが出現した後、3枚のコインを使うマジックに続けることができます。

Section:5　HIROSHI

　私はここで、先に解説してある「3-0-3」を行ない、一連の手順にしています。
　フィンガー・パームしたまま卓上から見えないコインをつまみあげる時、指をつまんだ形にしておくことで、ラムゼイ・サトリティが非常に広い方向に対応できるようになります。
　囲まれた状態で演じる場合は、ジャンボ・コイン1枚だけを、観客の服から出すようにしています。
　ただコインを大きくするよりは、「えー？そんな所についてたの？気づかなかった？」など、観客同士の会話が生じるので、反応が広がりやすいという利点があります。
　コインの種類ですが、私は500円玉を使っています。馴染みのある通貨は、観客に注目させるのには良いものですが、問題もあります。
　使うコインを、卓上に置いた瞬間に持っていこうとする観客は、けっこう多いのです。なぜか、男性は笑いながら手で押さえるところまで、女性は隠すところまで行なう、という傾向があるようです。
　もちろんこれは、本気でお金を奪おうとしている訳ではなく、マジシャンを困らせようという無粋な冗談なのですが、受け答えによってはマジシャンの方が無粋になってしまうケースでもありますし、何よりマジックが進まなくなるのが問題です。
　シンプルな対応策をひとつ。
　資本主義の現代の世の中では、あらゆるものに価格がつく訳ですが、本当に魔法でコインが出てきたとしたら、そのコインにはいったいどのくらいの価格がふさわしいのか？
　あなたの思う、その価格を伝えてみて下さい。
　「えー、じゃあいらない」という答えとともに、円満にコインが帰ってくると思います。魔法の価値を認めてくれるような素晴らしい観客なら、そもそもそんな意地悪はしないでしょうから。
　この受け答えは、マジックで出現したいろいろな品物を本気で持って帰ろうとする観客にも有効です。冗談ではなく、マジックで使ったものはもらっていいのだ、と思い込んでいる場合があります（ターベル・コースにも、この手の困った例が書かれていますね）。
　マジックが見せる魔法は、現実と比較するからこそ驚きがある訳ですが、演技者の理想とは別の所で、観客が現実世界を忘れてしまうこともあるようです。
　マジックの演技は、演技者の決めた世界観に、観客が合わせてくれることで成り立つものなのでしょう。もしもそこから外れた場合はどう戻すか、という心づもりは必要だと思います。

コインとペンの手順

　少ない道具でいかに効果的に手順を組み上げるか。実践派のマジシャンであれば、常に考えていることであり、それはマジシャン自身の演技力と構成力の問われる点でもあります。

　ここで解説する手順は、HIROSHI氏が実際に現場で演じながら長い年月をかけて磨き上げてきたものであり、シンプルで少ない道具を用いながらも、常に多くの観客を楽しませているものです。短い手順の中に、細かい点まで実に様々な意匠が凝らされています。HIROSHI氏自身による完全解説でお届けします。

必要な物
- ペンと、そのミニチュア
　ミニチュアペンは、携帯ストラップとして売られているものです。
　私はハイマッキーを使っています。ストラップが付いている部分を切っておきます（図1）。
- コイン1枚
　私は500円硬貨を使っていますが、ハーフ・ダラーでも結構です。
- ジャケットを着て行ないます。

図1

ミニチュア・ハイマッキーについて

　2004年頃と2013年に発売されたものがあり、中身は黒色のボールペンになっていて、外側の色は八色あります。店頭に置いてあることは少ないようですが、ネットショップやフリマサイトを探すとまだ手に入ります。

この手順の後に続けてカードマジックを行なってサインをさせる場合は、黒、または青や緑のものが使いやすいと思います。

準備

右ポケットにミニチュアペンを入れておきます。
左胸ポケットにペンを、細い方が上になるように入れておきます。
コイン1枚を右手に持ちます。

手順

〈第一段　コインの移動とペンの出現〉

「コインを使ってちょっと面白いことをします。まず、手に握ったコインが、手を伝わって移って行きます」

と言いながら、次のようにしてコイン・アクロスを行ないます。

フォールス・パスを行ない、右手から左手に渡したように見せ、左手に残します。技法は得意なものでかまいませんが、私は『コインマジック事典 新装版』（19ページに記載）の「トス・バニッシュ（2）」を使っています。

ブレイク・ダンス風の動きで、左手、左肘、左肩と、順にテンションを掛けていき、コインが移っていくことを示します。左肩に来た時に左手を開きます（図2～3）。

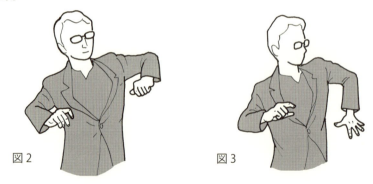

図2　　　　　　　　図3

さらに、右肩、右肘、右手とテンションを掛けて、右手を開いて1枚コインが移ったことを見せます。

コインを左手に戻すように見せて、もう一度フォールス・パスを行ないますが、ここは先ほどよりもゆっくりな動きなので、技法もそれに合わせ、リテンション・パスを使います。

「今のはちょっと早過ぎたと思うので、ゆっくりやります。手のひらから肘に向かってコインが移っていきます。いま、肩の所で止まっています」

という喋りに合わせて、コインの移っていく経路を指差します（図4）。
　体全体を右に向けながら左手を開いて（コインは消えています）、ワイプト・クリーンを行ない、両手が空なのを見せながら、密かにコインを左手のフィンガー・パームに移します。ここでは、コインの移動過程を見せているので、あえて左手のコインの消失を強調しません。
　「角度をつけると、反対側までコインが移ります」
　と言いながら体を傾けつつ、さりげなくラムゼイ・サトリティで左手が空なのを見せます（図5）。

図4

図5

　右肩から肘への、コインが移る経路を左手で指差します。
　「いま・・・どのへんでしょう、あ、ここにありますね」
　左手で右肘の下の袖をコインと一緒につまみます（図6）。コインは袖の生地の後側に保持して、観客に見えないようにします。
　左手親指だけでコインを下に向かってずらして、コインを出現させます（図7）。袖をつまんでいる形ではコインは布に隠れて見えないため、演技者がウソの説明をしているように思えますが、一瞬間を置いて本当にそこにあることが示されます。

図6

図7

この出現方法は指の動きをほとんどなくすことができるので、服からコインが抜け出てくるように見えます。この現象は意外性があるので、ミスディレクションが非常によく効きます。

左手でコインを出現させている間に、右手は胸ポケットの位置に来ています。胸ポケットのペンの先を右手の親指と中指でつかみます（図8）。

左手のコインを示しながら、体を左に向け、ペンを胸ポケットから左側に抜くようにして右手の影にスチールします（図9）。

図8

図9

「もしも、ご自宅でやってみようという場合には、できるだけ重いコインの方がうまくいきます。私はコインに重りをつけています。こんなものなんですが」

と言いつつ、次のようにしてコインの裏からペンを引っ張り出したように見せます。

まず、ペンをパームしたままの右手で左手のコインをつまみ、両手でコインをつまんだ形にします（図10）。

右向きになりつつ、このまま両手を右方向に3センチ程動かし、右手の親指と中指でペンを180度回転させて、コインと左手の影に移します（図11）。これは両手の影になっていて、観客からは見えません。

図10

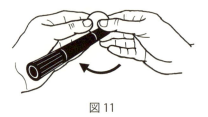
図11

そのまま右手の動きを止めず、じりじりとコインの後から引っ張り出すようにペンを出現させます（図12）。

コインとペンの手順

図12

体全体の左右の動きが、一連の秘密動作をカバーするポイントです。
右手でペンを示し、太い方が下になるようにテーブル上に立てて置きます。

〈第二段　キャップに入るコイン〉
「これはマジシャンがよく使うペンです。いろいろと便利に使えるんですが、私は貯金箱として使っています」
　コインを右手から左手にフォールス・パスします。ここでは「トス・バニッシュ（1）」（『コインマジック事典 新装版』18ページ）を用います。左手はコインを握ったかのように拳にし、コインは右手にフィンガー・パームで保持します。
　右手でテーブル上のペンを取り、太い端を握るように持ちます。
　握った形の左手の小指側から、ペンのキャップの先端を押し込みます（図13）。これは、無理にねじ込むような演技を行なって下さい。
「こうするとコインがキャップの中に入ります」
　左手を開いてコインが無くなっていることを示します。
　左手で右手のペンを取り、
「このキャップを持ち歩けば」
と言いながら、左手だけでペンのキャップをゆるめます。

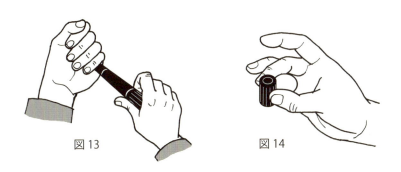

図13　　　　　　　　　　図14

右手はこの間に、コインをフィンガー・パームから親指と中指のエッジ・グリップのポジションに移して、その二指で、ゆるんでいるキャップを取ります。キャップのすぐ裏に横向きのコインがある形になります（図14）。

ペンはテーブルに立てて置きます。

左手を開いて、右手のキャップの下に持ってきます。右手のキャップを上下に数回振り、

「必要な時に、中に入っているコインを出すことができます」

この台詞が終わった瞬間にコインをエッジ・グリップの位置から左手に落とします（図15）。最初に振る動きが文字通り『前振り』になるため、注目度が上がります。

ここで大事なポイントですが、キャップはコインが落下した軌跡をなぞるように、ちょっと弧を描くように手前に動かします。動きの最後に下縁が自分の方を向くように、キャップを斜めに引いて持ちます（図16）。こうすることで360度どの角度からでも、コインがキャップから出てきたように見えます。

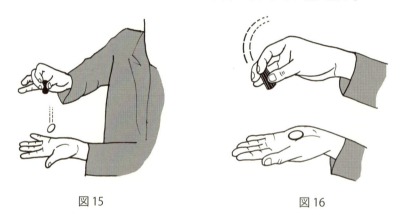

図15　　　　　　　　　　　図16

この動きに合わせて、コインは真下ではなく、やや手前に飛ばすように落とすと『詰まっていた物が勢いで出てきた』ように見えて、より錯覚が起きます。また、コインに回転が加わるため、軌跡の途中で残像が生じます。

実際にキャップの中にある物を出すように、リアルに演技して下さい。

左手のコインをテーブルに置き、キャップをペンにはめてテーブルに立てて置きます。

〈第三段　小さくなるペン〉

テーブルのコインを取り上げて、左手にフレンチ・ドロップのポジションに持ちます。

コインとペンの手順

　右手でコインを取り上げたように見せてフレンチ・ドロップを行ない、コインを左手にフィンガー・パームします。右手は、コインを右ポケットにしまう動作を行ないますが、ここでミニチュアペンをパームしてきます。
　「あれ？もう1枚入っていますね」と言いながら、左手でテーブル上のペンを取り、ラムゼイ・サトリティでコインを隠しながら左手のペンを振ってみせます（**図17**）。ミニチュアペンをパームしたままの右手で、ペンを取ります。ペンの太い方の端を握るように持って下さい。

図17

　右手のペンを左手に振り下ろしますが、右手の動きに合わせて、左手は軽く握ってフィンガー・パームしているコインを一旦手のひらに落としてから手を開きます（**図18〜19**）。コインは指先に向かって少し滑らせます。左手にペンからコインが振り出された、という現象になります。

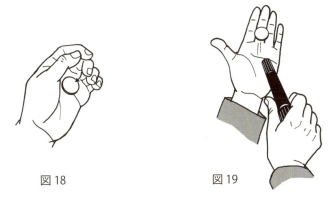

図18　　　　　　　　　　図19

　「ご自宅のペンも振ってみると、コインが入っているかもしれませんね。入ってない場合は自分で入れて下さい。入れ方はこうです」
　コインをキャップに押し当てる動きをして、ペンができるだけ右拳に隠れるよう、短く持ちます（**図20**）。

図20

「これは、勢い良くやっても入りません。コツがあります。こんな風に力を入れ過ぎないようにして下さい」
　と言いながら、コミカルに右手を大きく後に引きます。この時にペンを首の後ろに差し入れてます（図21）。動きを止めずに、右手はペンを握ったような形で前に出し、左手のコインにペンを押し付ける動作を行ないます（図22）。
　この時、あまり横を向くと動きがバレやすく、角度にも弱くなります。正面からわずかに右を向いて行ないます。

図21　　　　　　　　　　　　　　図22

　右手は握った形のまま左手に押し当てて、さらに力を入れるふりをします。
「あまり力を入れすぎると…」
　右手を左手に押し当てたまま小指側から開いていき（図23）、
「ペンが縮みます」
　右手を返して、指先に持っているミニチュアペンを見せます（図24）。
　左手のコインはテーブルに置きます。

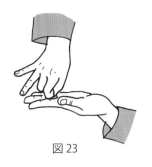

図 23

図 24

〈第四段　元どおり〉

　右手のミニチュア・ペンを左手の親指と中指ではさむように取り（図 25）、左側の観客に見せます。
「強く押すと、どんどん縮んで…」
　フレンチ・ドロップで右手にとったふりをし、強く握る動作をします。
「消えます」
　右手を開いて、ミニチュアペンが消えたことを示します。
　左手人差し指で右の袖を指さし、
「肘から出てきます」
　右手を上げて右肘からミニチュアペンを取り出します。この時に、右手を首の後ろに持って行き、ペンを取ります（図 26）。この一連の動きは、最初のコイン・アクロスと似たイメージにすることで、肘からの出現の注目度を高めます。

図 25

図 26

　体を左に向け、ミニチュアペンを左側の観客に見せながら、左手のフレンチ・ドロップのポジションに横向きで持ちます（図 27）。右手はペンを隠したまま体の前に持ってきます。

「元に戻したい時は、温めると戻ります」

　左手のミニチュアペンに右手の陰のペンを重ねて、右手指を開き、こするような動きをします。こすっているうちに大きくなったように見えます（**図28**）。

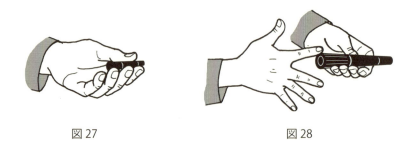

図27　　　　　　　　　　　　図28

　ペンだけを右手で取り上げ、左手には見えないようにミニチュアペンを残します。テーブルにペンを、音を立てて置きます。これは演技が終わったことを強調する動きです。

　テーブル上のコインを左手で取って、右手に渡しますが、この時にミニチュアペンもひそかに一緒にして右手に渡します。右手はコイン（とミニチュアペン）を軽く握って、ポケットに入れ、ミニチュアペンもコインと一緒にしまいます。

　テーブル上のペンは、何かに使った後で胸ポケットに差し込めば、最初の状態にリセットされます。

付記1

　この手順は普段、コインの出現の手順の後に行なっています。コイン1枚が手元にあれば良いので、いろんな手順から繋げられると思います。

　また、最後のコインをしまったふりをして、ミニチュアペンだけをポケットに落とし、コインをパームして手を出せば、ワンコイン・ルーティーンなどにつなげることができます。実際に私も、ジャンボコインの出現まで続けて行なうことがあります。

付記2

　角度によって、ペンを首に挿す動きがバレることがありますが、気にせずそのまま手順を続けて下さい。

　変化が終わった時点で、観客の関心は大きなペンの行方には向いていません。変化現象では、変化した後の状態が面白ければ、変化前がどうであったのかが意識から非常に薄れてしまいます。

演者もその観客の印象に乗っかって場の空気を作って下さい。「ちょっと面白いジョークだったでしょ？」くらいの軽い空気が、このマジックには合っていると思います。

付記3

変化の印象が強いため、演技後に観客からのリアクションで最も多いのは「小さいペンがもう一度見たい」というものです。

この場合、私は（机の下をのぞきこみながら）「すみません！もう一回ですって！」という、大仕掛けな舞台裏をイメージさせるようなジョークをよく使います。

ショーを行なうためには準備が必要、ということを暗に（誇張して）示しているのですが、そこにいる（ことになっている）見えないアシスタントがペンを小さくする準備をする様子を、いろいろと設定して会話で遊ぶことができます。

観客の言う「もう一度」は多くの場合、本当にもう一度見たいという意味とはちょっと違い、イレギュラーな流れを要求しているものです。

インターネットの百科事典である Wikipedia の「世界で一番笑えるジョーク」の項目には、日本だけが唯一ジョークの習慣がない、と書かれていますが、それは「これからジョークを話しますよ、という構えたジョークのスタイルが日本ではまったく好まれない」だけで、人を笑わせる試みそのものは日常生活にもメディアにも多くの頻度で見られます。その場の会話の流れを使った「アドリブの上手さ」を好ましく思う文化なのだと思うのです。

マジックは予定調和で成り立つために、「構えたジョークと似た性格を持つ」（ex. マジックの時だけ急に丁寧語になりがち、等）のですが、その場のアドリブに見えるような受け答えの準備をしておくことで、観客の満足度や好感度が高くなると思います。

参考：Coin in Pen Cap (David Williamson)　掲載「アンコールⅡ」1981年

SFマジックフェスティバルという大会

　2005年から2014年の10年間、私は『SFマジックフェスティバル』というイベントを主催していました。
　この大会には当時現場で活躍するプロのマジシャンが多数参加してくださり、出演ゲストより観客の方が豪華な会。観客だけでコンベンションが出来てしまうような非常にユニークな大会でありました。

　この会は、シオミ氏の『帝都奇術講習会』に端を発します。1995年に初めて東京で開催したシオミ氏の講習会は、そのあまりにも脱力的な内容で、多くのマニアに衝撃を与えました。そして、最もこの脱力マジックに熱い想いを寄せてくれたのは、現役のプロの方々だったのです。
　脱力系マジックというものは、駄洒落やギャグを中心とした演技で、本格派のマジック愛好家からは、敬遠されることが多い分野です。しかし、その根底には観客に対する徹底したサービス精神があり、当時浸透したクロースアップを演じるプロの方々は、その重要性にいち早く気付いていたのです。結果、毎年のように開催する講習会に、どんどんプロの参加者が増えてきたのです。

　丁度その頃、私のアマチュア時代の仲間である竹本修氏が、ネットショップのフェザータッチMAGICを立ち上げ、『帝都奇術講習会』に参加したいと打診がありました。それならば、シオミ、カズ、竹本の三者で、新しい会を立ち上げようと話がまとまり、シオミ氏主催のS企画のSとフェザータッチのFを冠にして、『SFマジックフェスティバル』と称し、年1回の開催となったのです。

　私達がこの大会で目指したのは、営利目的や、権利主義に陥ること無く、真にマジックを好きな者が集まって、明るくみんなで楽しんでもらうということ。
　多くのマジシャンの賛同を得られたのは、そこにピュアなマジックへの愛と仲間を大切に思う気持ち、私利私欲ではない心があったからだと思います。

　10年以上会を催してきて、教えられたことは、マジックを通しての人と人の輪が、何よりも大切な財産である。ということなのです。

Section:6
鈴木 徹

　国内最大のマジックメーカー（株）テンヨーの現副社長であり、日本を代表するマジック・クリエーターでもある。
　テンヨーにて数多くの商品を生み出し、第27回石田天海賞受賞。オリジナル作品の「フォーナイトメアーズ」は、多くのプロマジシャンが愛用するヒットアイテムとなる。
　また、舞台演出家としての一面も持ち、プロマジシャンの演技指導、マジックショーの演出も行なう。

Section:6　鈴木 徹

入れ替わるループ

　一般的なマジック入門書にもよく解説されているトリックとして、入れ替わるループというものがあります。
　これは2色の輪にした紐を組み合わせて、親指と人差し指で作った輪に通します。そして上になった紐をつかんで下に引くと、2つの紐が入れ替わるというものです。
　やり方さえわかれば誰にでもできるので、いわゆるマジック遊びとして広く知られているものです。
　鈴木氏は、ロープの入れ替わる動きを観客の視線から隠すことで、単なるトリックを不思議なマジックに仕立て上げています。

現象
　赤い紐と白い紐の輪を示し、組み合わせて親指と人差し指の間に通します。上が赤い紐で下に下がっているのが白い紐です。
　雑誌のページを破った紙1枚を取り出し、これを紐のかかった手に持ち、紐全体を隠します。
　紐に息を吹きかけます。
　ゆっくりと紙をどけると紐の位置が入れ替わり、上が白い紐で下が赤い紐になっています。

必要な物
・長さ34センチ程、太さ4ミリ程のやわらかい紐　赤色と白色1本ずつ
　計2本
・B5判の雑誌から破りとった紙
　この紙はどんなものでもかまわないのですが、普通のコピー用紙等では後ろからの明かりで透けて見えることがあります。印刷面の多い、雑誌のページを用いることで、手の影をカバーするのが雑誌を使う目的です。濃いめの色画用紙を使ってもかまいません。

186

入れ替わるループ

準備

それぞれの紐で図1のような輪を作ります。輪を伸ばした時に15センチ程になるようにします。この時なるだけ結び目が小さくなるようにして下さい。

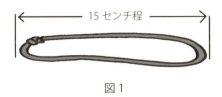

図1

手順

紐を取り出して左手に図2〜4のようにかけます。この時上の紐の結び目が、図3のように親指の先端の方に位置するようにします。上が赤で、下に下がっているのが白であることを観客にしっかりと確認させます。

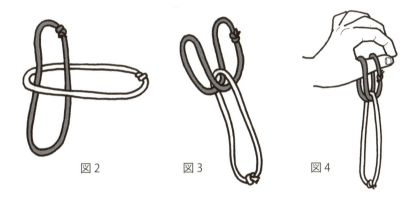

図2　　　　図3　　　　図4

紙の上端左端を左手の人差し指と輪を通した親指ではさんで持ちます。図5はこの時の状態を示しています。観客からは紐全体が隠されます。左手を体の正面に位置します。

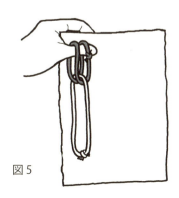

図5

左手親指にかかった紐の上を、右手の人差し指をのばして指差し、「ここに息を吹き掛けると、不思議ことがおこります」といいます。この間に右手の親指と中指で、上の紐の輪の結び目の所を図6のようにつかみます。

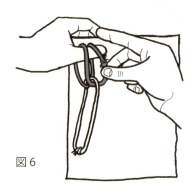

図6

上記の台詞を言い終わったら、右手はそのままの位置で動かさないで、左手を左方向から術者の口元に持ってきます。結果として、図7のように紐の輪は引っ張られて入れ替わります。この時急がずに、ゆっくりと左手を口元に持ってくるようにします。図8は観客から見た図です。紐が入れ替わる動きは、紙に隠されて観客からは見えません。台詞で息をかけると言っていますので、この左手を口元に持ってくる動きを意味のあるものとすることができます。台詞が秘密の動きを隠すミスディレクションとなっています。

図7　　　　　　　　　　　　　　　　　　　　図8

右手人差し指と中指で、紙の右下をつかみます。図9を見て下さい。
左手親指の上に息を吹きかけます。この時に、右手の紐の端を離します。
右手で紙を引いて、左手から離します。
紐の位置が入れ替わっているのを示します。

入れ替わるループ

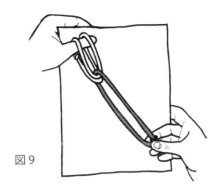

図9

備考

　すべての動作は、急がずに行ないます。比較的ゆっくりと、スムーズに行なうように練習して下さい。息を吹きかけただけで紐が入れ替わったように見え、たいへん不思議なマジックとなります。

　鈴木氏は、紐の入れ替わりを隠して行なうというアイディアを、庄司タカヒト氏が行なっていた演技から得たとのことです。

カズ・カタヤマによる解説

　鈴木氏は、観客の心の中の印象というものを大切にするべきであると述べています。現象をダイレクトに見せるよりも、隠すことで観客の想像力をかき立てることができるのです。

　「紐の入れ替わり」という、マジシャンなら誰でも知っていて誰もが演じないトリックが、1枚の紙で隠すことで不思議なマジックになりました。また、この作品では息を吹きかけるというおまじないの動作が、秘密の操作をうまくカバーしています。マジシャンが魔法を起こすための『おまじない』を、大切にして下さい。息を吹きかけるという『おまじない』の行為がミスディレクションとして作用するだけでなく、不思議な現象が起る理由付けとなります。単に紐の移動を隠しただけでなくて、まさに魔法の再現となっているのです。

　すべて観客は心で物事を見ているという事実を、もう一度考えてみましょう。

　ステージでの定番のマジックに鳩のプロダクションがあります。この分野では、前世紀の終わりからいわゆるダイレクトに鳩を出す『ベア出し』がブームとなっています。確かに鮮やかな『ベア出し』は観客に驚きを与えます。しかし、繰り返す程に不思議さはどんどん薄れて行くように思えます。『ベア出し』の元祖といわれる島田晴夫氏もこの手法を乱用するのではなく、手順の中でここぞと

189

いう時に効果的に用いています。ポロック氏のようにハンカチの中から鳩が出るという現象の方が、観客の想像力をかき立てる余地があるのです。これはいわゆる『Too Perfect Theory』に通じるといえます。曖昧さをタネを想像させないように用いるのではなく、観客に魔法を感じさせるために利用するのです。

　1980年代に一世を風靡したスコット・サービン氏のケーン・プロダクションを思い出して下さい。サービン氏はアピアリング・ケーンの伸びる瞬間を観客から隠すことにより、魔法のような不思議さを生み出しています。確かに一瞬に出現するケーンは効果的なトリックではありますが、何度も繰り返すと、一般の観客にも伸びるステッキの存在を感じ取られてしまいます。

　フレッド・カップス氏も、バニッシング・ケーンを新聞紙に包んで消し、大変不思議な効果をあげています。

　直接的な現象を、すべて否定するものではありません。鈴木氏が提唱しているのは、ビジュアルな見かけの効果よりも、観客の心の中に残すことのできる真の効果が本当に重要であるということなのです。ステッキが伸びたり縮んだりするということや、上着の内側から鳩を引っぱり出した事実は、観客に感じさせてはいけないのです。

　鈴木氏のこのマジックは、今まで私が見向きもしなかった多くのマジックを、今一度考え直す機会を与えてくれました。大切なのはトリックそのものではなくて、観客にいかに見せるのかということなのです。

　みなさんも、観客の想像力（イマジネーション）を信じて、今までのマジックをもう一度見直してください。そこにこそ、魔法を生み出す鍵があるのです。

しろくま

　1982年にマジックランドから刊行されたフィル・ゴールドスティン（マックス・メイビン氏の当時のペンネーム）氏の小冊子『トランプの動物園』は、「レギュラー・カードで、トリック・カード以上の効果！」という謳い文句の通り、素晴らしい内容の冊子であり、当時の日本のクロースアップ愛好家に多大な影響を及ぼしました。
　ここで解説する鈴木氏のマジックは、同書収録のフォーエース・アセンブリーの傑作「チーター」（後に『パケット・トリック』東京堂出版/2005年に収録「素早い入れ替わり Immediate Aces」）を元にしているとのことです。「チーター」では、そのタイトル通り意表をつくような素早い入れ替わりが、巧妙なハンドリングによってなされますが、鈴木氏のこのマジックでは、白いカードがゆっくりと1枚ずつエースに変化してゆきます。魔法のような効果を生み出す鈴木氏独自の工夫をお楽しみください。

現象
　3枚の白いカードが順番にエースに変化します。
　どの変化も直前まで白いカードがはっきりと見せられ、離れた場所に置いてあったエースは、いつの間にか白いカードになっています。

必要なもの
・デック　1組
・ブランク・フェイス・カード　使用するデックと同じ裏模様のもの。4枚
・封筒　カードが入る大きさのもの。1個
・グラス　カードの場所を印象付ける為のもの　カードケースを使っても構いません。1個

準備
　封筒の中に4枚のブランク・フェイス・カードを入れておきます。
　グラスをテーブルの右のほうに置いておきます。

手順

　デックから4枚のエースを取り出し、ハート、スペード、ダイヤ、クラブ、の順にグラスの上に重ねて行きます。一番上がクラブになります。

　封筒から4枚のブランク・フェイス・カード（以下白いカード）を重ねたまま取り出し、2枚は重ねたままで3枚の白いカードであるかのように広げて見せます。

　白いカードを左手に表向きにそろえながら、一番上のカードの下に左小指でブレークを作ります。

　4枚のエースを右手で取り上げて（ビドル・グリップ）、一旦左手のカードの上にそろえ、ブレーク上の白いカードをエースの下に取ってしまいます。そのまま次のようにエースを広げて示します。

　左親指でクラブのエースを引いて白いカードの上に取りますが、左前方に半分程突き出した状態にします。

　次のダイヤのエースも同様に引いて、クラブのエースの上に右にずらした状態で取ります。

　スペードのエースも同様にダイヤのエースの上に引きますが、**図1**のようにスペードの下のハートのエース（2枚）が半分程見えた状態で一旦手を止めて示し「4枚のエースです」と言います。

図1

　前に突き出しているカード（4枚のエースと隠れている白いカード）を左手のカードの上でそろえて右手にビドル・グリップに取り上げますが、そろえながらダイヤのエースの上に右親指でブレークを作っておきます。右手のカードの状態は表向きの上からスペード、ハート、白いカード、ダイヤ、クラブ、そして左手には3枚の白いカード、となります。

　左手の3枚のカードを示してから右手の5枚の上に重ねます。全体をそろえながらブレークを左小指に移し、右手を一旦離します。

　3枚の白いカードを、次のようにして1枚ずつ数え取ったように見せます。

右手を左手のパケットにビドル・グリップでかけますが、実際はブレイク上の6枚を保持します。

　左親指を一番上の白いカードにあてて、左手に引いて取りますが、この時に、ブレイクより下の2枚のカードを白いカードの下に見えないように残します。一番上のカードを左手に残して、ブレイクより上の5枚を右手に抜き出したという感じです。観客には1枚の白いカードを左手に引いて取ったように見せなくてはなりません。この時、いま左手に取った白いカードと左手の2枚の間に、左小指でブレイクを保ちます。

　すぐに両手を近付けて、左親指で右手から次の白いカードを引いて、左手の3枚の上に取ります。

　続けて、次の白いカードを左親指で引いて取るときに、左手のブレイク上の2枚を右手のパケットの下に取ってしまいます（ビドル・ムーブ）。

　左手に取った（ように見える）3枚を「3枚の白いカードです」と言って、テーブルの左側に伏せて置きます。

　以上をテンポよく行なうと、単に3枚の白いカードを1枚ずつ左手に数え取ってテーブルに置いたように見えます。

　この時のカードの状態は、テーブル上に裏向きに伏せた3枚の上からクラブのエース、ダイヤのエース、白いカード、となり、右手には5枚のカードが表向きで、上からスペードのエース、ハートのエース。3枚の白いカード、という順になっています。

　右手のカードを表向きのまま左手に持ち替え、一番上のスペードのエースを右手で取り、グラスの上に置きに行こうとします。このときに2枚目のハートのエースが見えるので、このパケットが全てエースであるように印象付けられます。

　気が変わったようにスペードのエースを左手パケットの一番上に戻し、パケット全体を裏向きに持ち替えて、右手で上から1枚ずつ裏向きのまま3枚をグラスの上に重ねていきます。

　左手に残った2枚のカード（スペードとハートのエース）を1枚のように表向きにして右手ビドル・グリップに持ちます。表のスペードのエースを示し、「スペードのエースには不思議な力があります」と言います。

　左手で、テーブルに伏せてある3枚のパケットを取り上げ、表面を自分の方に向けて、逆ファンに少し広げます。

　右手のカードを、左手の3枚の右下に見えているインデックスを隠すように重ね、左親指でカードを押さえて、表面を観客に示します。**図2**のように3枚の白いカードとスペードのエースを持っているように見えます。

　「これからこの白いカードがスペードのエースの力によってエースに変化します」と言います。

Section:6　鈴木 徹

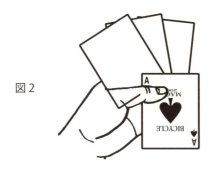

図2

　白く見えているカードをそろえてディーリング・ポジションに保持します。スペードのエース（2枚）だけが手前に突き出ています。
　スペードのエース（とその下のエース）の下端を右手でつかみ、ゆっくりと下から白いカードに重ねていきます。完全にカードがそろったらスペードのエースだけを手前に引くと、ハートのエースが現れて、白いカードがハートのエースに変化したように見えます。図3〜図4をみてください。ゆっくりと行なうペイント・ブラッシング・チェンジという感じです。

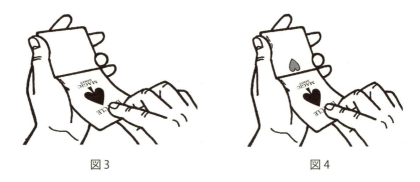

図3　　　　　　　　　　　図4

　右手でスペードのエースをテーブルの右側に置き、次のハートのエースも右手で取って、スペードのエースの左側に並べて置きます。
　左手のカード（3枚）の右下隅を右手の親指、人差し指、中指でつまんで取ります。ピンチ・グリップのような形です。
　左手で右手に保持した一番上のカードだけを左側に少しずらします。エースのインデックスは右親指で隠します。すると図5のように2枚の白いカードを右手に持っているように見えます。
　カードをそろえて裏向きにし、一番上のカード（クラブのエース）を右手に取り、裏向きのままテーブル上のスペードのエースに近付けます。

194

右手のカードをゆっくりと表向きにして、白いカードがクラブのエースに変化したことを示します。

少し遅れて左手を返して、持っているカードが白いカードであることを暗に示します。**図6**を見て下さい。

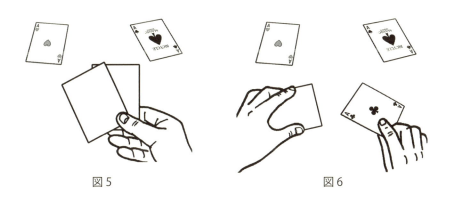

図5　　　　　　　　　　　　　　　図6

クラブのエースを右手の白いカードの上に差し込み、右手を戻してカードを裏向きにします。

右手でスペードのエースの位置を直すような仕草をしてから、左手の一番上のカード（ダイヤのエース）を裏向きのまま右手に取ります。

右手のカードをスペードのエースに近づけてから表向きにして、エースに変化したことを見せます。

少し遅れて左手を返してクラブのエースも見せます。**図7**がこの時の状態です。全てのカードがエースになったように見えます。

図7

右手のダイヤのエースを左手のクラブのエースの上に差し込み、そのまま左手のカード（3枚）を一旦右手に取り、左手を戻して右手のカードを表向きにディーリング・ポジションに置きます。
　右手で、テーブル上の2枚のエースを取り、表向きで左手のエースの上に重ねます。
　左手のパケットをそろえて裏向きにして、テーブルの脇に置きます。
　グラスの上の3枚をゆっくりと表向きにして、白いカードであることを示します。

備考
　以下のようにして、リセットすることができます。
　3枚の白いカードを裏向きにして、脇に置いたエースのパケットの上に重ねてから、取り上げます。
　パケットを表向きにして、上から4枚のエースを取ると、4枚の白いカードが残ります。
　これを封筒にしまえば、ほかのマジックに続けることができます。

スズキスライド

　マジックが『魔法の再現』であるとするならば、鈴木徹氏の作品はまさに『魔法』を感じさせてくれます。それはアイディアのみではなく、たとえテクニックを用いていても、それを感じさせない構成と演出が作品にうまく溶け込んでいるからです。
　これは、氏の考案した新しいカードマジックの技法です。技法といってもそこは鈴木氏らしく、『魔法』のような効果を生み出すために、用いるテクニックなのです。このテクニックを見ても分かるように、マジックの作品世界を構築するということに、鈴木氏は常に細心の注意を払っているのです。

技法：スズキスライド

　4枚のカードを重ねて持つと、間からカードがひとりでにせり出してきます（図1〜図2）。
　指がまったく動いていないように見えるので、とても不思議に見えます。さらに出て来たカードは1枚に見えますが、実際は2枚で、ずれずにぴったりと重なっています。
　最初に持つカードは何枚でもよく、どの場合も一番上と一番下のカード以外が重なったまま1枚のようにせり出してきます。
　ニューヨークに住む、パズルやマジッククリエーターとして有名なマーク・セテデュカティ氏が、この技法を「スズキスライド」と名付けてくれました。

図1

図2

方法

4枚のカードを重ねて図のように左手の指先に持ちます。親指はカードの左端の中央付近少し上にあて、他の4本の指は、均等に開いて下からカードを持ちますが、人さし指と小指に力を入れ、他の2本の指は軽く添えるようにします（図1）。

親指で上の3枚をそろえたまま右に5～6ミリ押し出します（図3）。

図3

親指で一番上のカードをわずかに左に戻しながら親指を下に押しつけるように力を入れカードを湾曲させます。すると、上下のカードにはさまれた、2枚目と3枚目のカードがそろったまま、下から支えている小指を中心に弧を描くように右にせり出してきます（図2）。

親指で下に押すだけてほとんど指は動かないので、相手から見るとカードがひとりでに出てくるように見えます。

※はじめのうちは安定しないと思いますが、持つ場所と力の入れ加減を調整しながら練習してください。慣れるとほとんど右に押し出さなくてもできるようになります。

また、最初に上の3枚が1～2センチずらして重ねた状態からも同じようにせり出すことができます。この場合、重ねた2枚のカードの間からカードが1枚出現するという現象になります。

応用奇術　スライディングエーセス

1枚のAを手に持つと、1枚ずつ他のAがひとりでにせり出してきて4枚のAがそろいます。

Aを使ったマジックのオープニングに適しています。

スズキスライド

準備

1組のトップ4枚をエースにします。このとき4枚目のエースのみ表向きにしておきます。ここでは仮にトップからダイヤのA、スペードのA、クラブのA、表向きのハートのAということにします（**図4**）。

図4

手順

1組を手に持ち、ハートのAの下に左小指でブレークを作っておきます。

トップカードを右手で取り、1枚のカードであることを示し、表向きにトップに戻し、ダイヤのエースであることを見せます（**図5**）。

ブレークの上の4枚をそろえて1枚のように取り上げ、手首を返して裏を見せます（**図6**）。

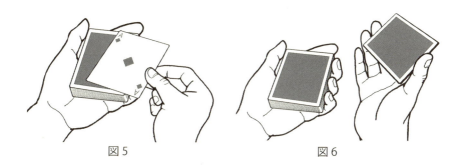

図5　　　　　　　　　　　図6

相手には今置いたダイヤのAの裏に見えていますが、実際ははじめに表向きにしてあったハートのAの裏です。残ったカードはテーブルに置きます。

4枚をそろえたまま裏向きにし、左手に「スズキスライド」のポジションに持ちます。

いったんカードを立てて表を示し裏向きにもどし「スズキスライド」を行ない、クラブのAを出現させます（**図7**　実際は下にスペードのAが重なっている）。

クラブとスペードのAを重ねたまま右手で引き抜き、左右の手を返して、それぞれのカードの裏表をよく見せます（**図8**）。

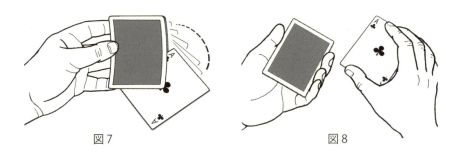

図7　　　　　　　　　　　　　　図8

裏向きの左手の2枚の上に右手の2枚を表向きにのせます（**図9**）。

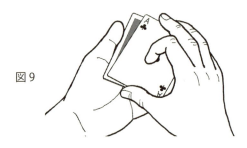

図9

　全体を立ててダイヤのAを相手に向けてから左親指でクラブのAを押し出し、右手でひっくり返して表を相手に向けてから元の場所に戻します（**図10～11**）。
　※クラブのAが出現してからここまでの動きは、両手に持ったカードをもてあそんでいるような感じで行ないます。

カードを立てている図　　　　　カードを立てている図

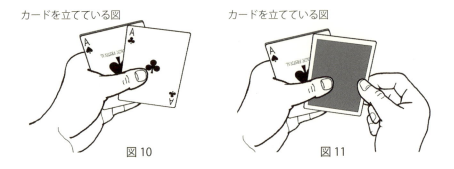

図10　　　　　　　　　　　　　図11

　4枚を裏向きにし、「スズキスライド」のポジションに持ちます。
　左親指先で上の3枚を重ねたまま、右に1～2センチずらします（**図12**）。

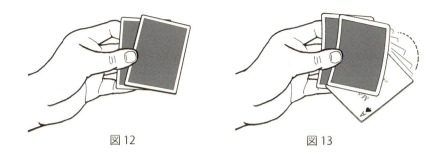

図12　　　　　　　　　　　　図13

「スズキスライド」を行ない、スペードのAを出現させます。2枚の裏向きのAの間から表向きにスペードのAが現れたように見えます。スペードのAの裏にはハートのAが重なっています（**図13**）。

出現したカードを右手で抜き取り、左手は2枚のカードを表向きにし、2枚であることをよく見せます（**図14**）。

右手の2枚をその上に表向きに重ね（**図15**）、そろえて全体を裏向きにして「スズキスライド」のポジションに持ちます。

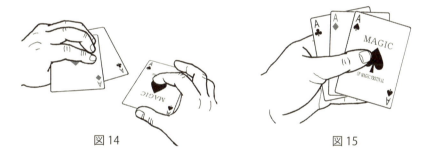

図14　　　　　　　　　　　　図15

前と同様に左親指先で上の3枚を右に1～2センチずらし「スズキスライド」を行なうと、2枚の間から裏向きにカードがせり出します。これによって、扱っているのが確かに3枚だということが強調されます（**図16**）。

図16　　　　　　　　　　　　図17

出て来た2枚のカードを1枚のように右手で取り、左手に残った2枚の上にずれた状態に重ねます（figure 17）。

「スズキスライド」を行なうと4枚目のハートのAが出現します（figure 18）。

図 18

4枚のAを両手に持って示します（figure 19）。

カードを立てている図

図 19

備考

「スズキスライド」は、数枚を扱うパケットマジックにさまざまに応用することができます。

このほかにも、4枚の裏向きのAがせり出しながら1枚ずつ表向きになっていく。2枚のジョーカーの間からジョーカーが2枚出現し、その4枚すべてAになってしまう。などの「スズキスライド」を使ったマジックをいくつか考案しています。それらも機会があったら発表したいと思います。

タイムパラドックス

　とあるマジックショーで、鈴木徹氏がこのマジックを演じた時のことが今でも忘れられません。それは、まさに後々まで語り継がれるような素晴らしいショーでした。
　物語と融合した不思議の世界が、ひとつのお芝居を見ているような感覚を観客に与えて、素敵な『時間』を皆で共有することができたのです。常にマジック表現の可能性を広げ続ける鈴木氏の創意が、単なる不思議現象の披露から、魔法を楽しむ空間へと昇華された、まさに『その時』だったのです。
　この傑作を本書で完全解説していただくことを非常に誇りに思います。鈴木氏がマジックを作る時に、トリックだけでなく、構成、台詞、演出、と総合的に組み上げているることに是非注目してください。

鈴木徹氏からのコメント
　ストーリーのあるマジックを語りながら演じる時、私が守っていることがひとつあります。それは、相手に本当に信じてほしいことだけを演じ、本当に信じてほしいことだけを話すということです。
　どんなに現実にはありえない現象だったとしても、どんなに荒唐無稽な話であったとしても、観客がマジシャンと過ごす短い時間と空間の中で、「信じたい」と思ってもらえるようにするのがマジックの目的だと思っています。

　ここで紹介するのは、前もって置いてあったカードが、観客が後から選んでサインをしたカードだったというテーマの１分野に属するものです。
　このテーマの作品は数多く発表されていますが、中でもアレックス・エルムズレイの「ビトウィーン・ユア・パームス」が有名です。手法や手順は作品によって様々ですが、どれを演じたとしても、そもそも現象自体が不条理なので、実際に演じて観客を納得させるのはとても大変なことと思います。私自身も、あまり一般の人に見せないタイプのカードマジックでした。

　しかしある時、そんな不条理で納得しにくいマジックを人前でやってみたくなりました。演出と台詞によって、見た人が「まさか。でも、もしかしたらそんな

ことがあるのかも」なんて思ってくれるのなら、演じる価値があるかもしれない、この『タイムパラドックス』はそんな思いで構成したものです。1995年に私が石田天海賞作品集の中で発表したマジックが元になっています。

現象

　台詞が重要な要素なので、以下の現象解説は台詞と合わせて記載します。

　宅急便の送り状の貼ってある封筒とグラス、一組のカードを持って登場します。

　「これは、昨日私の家に届いた宅急便です。日付と時間帯を指定するときちんとそのとおりに届けてくれるのでとても便利です。この送り状の差出人の欄には私の名前が書いてあります。実はこの宅急便は私が自分で私あてに出したものなのです。でもそのことは別におかしなことではありません。。旅行先で買ったお土産を自分あてに送ったりすること、みなさんもよくありますよね。家に帰るとお土産が自分より先に届いていたりします。
　それはさておき、この中には特別なカードが2枚入っています。ほかのカードと区別するために、裏に大きなX印を描いておきました。表は後でお見せします。宅急便できのう届いたカードだということだけ覚えていてください」

　封筒を開き、中から裏に大きくX印のついた2枚のカードを取り出して見せ、表を見せずにグラスの上に置きます。

　「ここに1組のトランプがあります。この中から1枚選んでしっかり覚えてください。覚えたらこの中に戻して、切り混ぜてください。これでどこにあるか誰にもわからなくなりました」

　ひとりの観客にカードを1枚選んでもらい、半分ほどのカードの束に戻して切り混ぜてもらいます。

　「こちらの方には、残りの半分の中から選んでいただきます。表向きに1枚選んで、表に大きくサインをしてください」

　別の観客にペンを手渡し1枚のカードの表にサインをしてもらい、他の観客によく見せてから中に混ぜ込みます。

　「これからがマジックです。まず最初の方の選んだカードを探し出しましょう。

これ、ではありませんね。これ、でもない。たぶんこれだと思います。選んだカードは何でしたか？　ハートのクイーンですか？　ご覧ください。ハートのクイーンです」

　最初のカードの束の中から1枚のカードを選び、カードの名前を聞いてから表にすると、ハートのクイーンです。

「なぜ分かったかというと、実は前もってどのカードが選ばれるか知っていたのです。信じられませんか？　ではこのカードをご覧ください。昨日届いたカードの1枚です。これもハートのクイーン」です」

　グラスの上の印のついた1枚を表向きにするとハートのクイーンです。そのカードをグラスに戻し、

「このカードで、私は今日選ばれるカードを知ることができました」

　2枚のハートのクイーンを並べて置きます。

「もう1枚のカードにはサインがあります。そのカードは探し出すかわりに、こんなふうに指をならします」

　テーブルに置いたもうひとつの束の上で指を鳴らしてから、カードを1枚ずつ表向きにテーブルに重ねて置いていくと、サインのあるカードはその中にありません。

「不思議な事にカードはこの中にありません。でも問題ありません。そのことも、昨日から知っていましたから。それともうひとつ、昨日から知っていたことがあります。それは、カードにはサインがあるという事です。グラスに乗っているカードをご覧ください。カードはずっとここにありました。そしてこれが、あなたのサインのあるカードなのです」

　グラスの上に残っているX印のついたカードの表を見せると、表にサインが書かれています。

「ご協力ありがとうございました。いつもはマジックに使ったカードを記念にさしあげるのですが、この2枚だけはさしあげることができません。なぜなら

私はこれからこのカードを宅急便で送りたいと思っているからです。この場合、送り先はもちろん私の家、配達指定日はもちろん、昨日です」

印のある２枚のカードを封筒にしまって終わります。

必要な物
- 半分が同一カード半分がレギュラー・カードのフォーシング・デック　青バック　１組
（ここでは同一カードをハートのクイーンとし、ハートのクイーン26枚、レギュラーカード26枚のセットとします。枚数は多少違ってもかまいません）
- 宅急便の送り状　１枚
- 送り状が貼れるサイズの封筒　１枚
- カードに印を描くための赤の太字マーカー（三菱のペイントマーカーが適しています）１本
- カードにサインをしてもらうためのマーカー　１本
- カードをのせるグラス　１個

準備
　ハートのクイーンから２枚抜き出し、ペイントマーカーで裏に大きなＸ印を描きます。
　別のハートのクイーン１枚の端から1.5ミリをカットしショート・カードにします。
　レギュラー・カードの中から黒の絵札（ここではクラブのジャックとします）を１枚抜き、それ以外のレギュラー・カード全部の裏にハートのクイーンの裏に描いたのと同じＸ印を描きます。
　宅急便の送り状の差出人と受取人の欄両方にに自分の名前と適当な住所を書きます。
　送り状の受付日を書く欄にマジックを演じる日を記入し、配達指定日を書く欄にその前日の日付けを書きます。
　封筒に送り状を貼付け、宅急便が配達された状態に見えるように、貼付けた以外の送り状をはがし取ります。
　裏にＸ印をつけた２枚のハートのクイーンを封筒に入れ、封をします。
　残ったカードを以下のようにセットし、ケースに入れておきます。
「裏向きの上からハートのクイーン23枚、ハートのクイーンのショート・カード、裏にＸ印のあるレギュラー・カード25枚、裏に印のないクラブのジャック」
　ポケットにサインをしてもらうためのペンを入れておきます。

タイムパラドックス

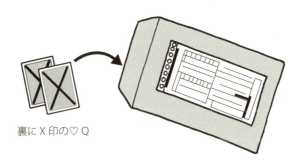

裏にX印の♡Q

図1

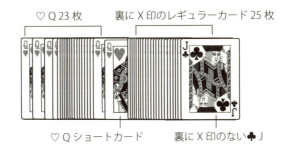

♡Q 23枚　　裏にX印のレギュラーカード25枚

♡Qショートカード　　裏にX印のない♣J

手順

準備した封筒、カード1組、グラスを持って登場、グラスはテーブルの左の方に、カードは右の方に置きます。

封筒から2枚のカードを取り出し、裏のX印をよく見せてから、2枚がずれた状態になるようグラスの上に伏せて置きます（**図2**）。

カードをケースから取り出し、表を観客に向け、さりげなく下半分のみをファンに広げて見せます。

図2

Section:6　鈴木 徹

　カードを裏向きにし、両手の間に広げて1人の観客に1枚引いて覚えてもらいますが、上半分のハートのクイーンのみを広げてその中から引かせるようにします。
　観客がそのカードを覚えている間に、残ったカードを指ではじいて中程のショート・カードのところから2つに分けます。ショート・カードは下半分の一番上になります。
　カードを引いた観客に上半分（すべてハートのクイーン）を手渡し、手元のカードを中に入れて切り混ぜてもらいます（観客が表を見てしまわないように自分で切り混ぜてもかまいません）。
　束を受け取り、裏向きにテーブルに置きます。

　もう1人の観客に下半分の中からカードを選んでもらいますが、次のようにします。
　観客にペンを手渡してから、カードの束を表向きにして広げ、ペンで好きなカードを指してもらいます。このとき、あとでサインをしてもらうので、絵札をさけるよう告げます。これによって一番上のクラブのジャックが選ばれることが避けられます。
　指されたカード（裏にX印があります）の裏が見えないように抜き出し、一番上のクラブのジャックの上にのせます。そのまま全体をそろえて観客に差し出し、そのカードの表にサインをしてもらいます（状況によっては束ごと手渡してもかまいません）。
　他の観客にサインをよく見せてから、右親指でサインのあるカードの下にブレイクを作り、ダブル・カットします。これによってサインのあるカードは中に混ぜられたように見えますが、実際は束の一番下になり、その上はショート・カードのハートのクイーンになります。今一番上は、はじめと同じクラブのジャックになっていますが、それは気にしなくてもかまいません。
　下からカードをはじいて下から2枚目のカード上に右親指でブレイクをつくっておきます。これは2枚目がショート・カードなので楽にできます。
　カードの束は、右手にビドル・グリップで保持します。

　左手で、テーブルの束（すべてハートのクイーン）を裏向きに広げながら、何枚かのカードの表を見ながら抜き出し、カードを探すふりをします。
　最終的に1枚を取り上げ、最初の観客に覚えたカードの名前（ハートのクイーン）を聞いてから表向きにして当たっていることを示します。
　そのハートのクイーンを広げた束の一番上に表向きに置きます。

左手でテーブルの上の束を裏向きのままでそろえながら取り上げ、全体をそろえるために表向きの束を持った右手を近付けます（**図3**）。

図3

　そして右手が束の上に重なったとき、ブレイクの下の2枚を束の一番上の表向きのハートのクイーンの上にのせてしまいます（**図4**）。
両手でカードをそろえて右手の束をどけますが、同じハートのクイーンが見えているので観客は気が付きません（**図5**）。
　右手の束をテーブルの右方、少し離れた所に置きます。

図4　　　　　　　　　　　　　　図5

　グラスの上のカードの上になっている方を右手に取り上げ、表向きにして、これもハートのクイーンであることを示します。
　束の上のハートのクイーンと右手のハートのクイーンをよく見せてから、右手のハートのクイーンを束の上にのせてから上の4枚をとりあげ（ナチュラルブレークができています）束の上で裏向きにします（**図6**）。
　すぐ上の2枚をずらすと2枚目にX印のついたカードが見えます。観客からはさきほど重ねたハートのクイーンに見えますが、実際はサインのある2番目に選ばれたカードです（**図7**）。

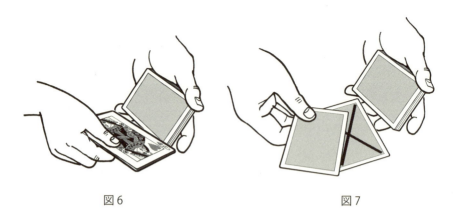

図6　　　　　　　　　　　　　図7

　2枚を右手で取り上げ、X印のついたカードをグラスの上のカードに、はじめと同じに見えるように重ねます。
　残った束をテーブルに置き、右手のカード（ハートのクイーン）を表向きにして束の前方にずらせて置きます。

　台詞を言って少し間をとった後、次のようにしてグラスの上の2枚をすりかえます。
　まず左手でグラスの上の2枚のカードを親指が上になるようにつかんで少し持ち上げます。
　右手で先ほど見せたカードを取ったように見せますが、実際は左指先で2枚のカードの位置を入れ替える様にずらし、下にあるハートのクイーンをつかんで右に引いて取ります（**図8〜9**）。
　左手に残ったカード（サインのあるカード）は、グラスの上に戻します。

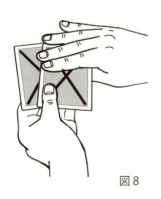

図8　　　　　　　　　　　　　図9

右手に取ったハートのクイーンを表向きにし、テーブルのハートのクイーンの横に並べて置きます。
　以上の動作は一度見せたカードをなにげなく置き直したという感じで行います。

　右方に置いた束を表向きのまま取り上げます。
　上のカード（クラブのジャック）から1枚づつテーブルに表向きに重ねていき、すべてのカードをテーブルに置いてサインのあるカードが無くなったことを示します。
　全体をそろえて裏向きにします。このとき一番上はクラブのジャックになっていて、その下のＸ印が隠されます。
　グラスの上のカードを取り上げ観客に表を見せて、サインのあるカードであることを示します。
　台詞を言って、印のついた2枚のカードを封筒に入れて終わります。

備考
　もう一度このマジックの台詞を注意深く読んでいただくと、観客に対してウソを言っている部分が非常に少ないことがわかると思います。これは単に言葉上のことかもしれませんが、マジシャンがより観客に対して堂々とふるまうことができるようになり、観客にマジックをより真実の魔法をとして感じてもらえるようになるための、重要な方法のひとつだと思っています。

日本はマジック天国なのか？

　世界中を見回しても、日本ほどマジックバーやマジックを見せるお店が氾濫している国はありません。それらのお店で働いているマジシャンも、相当数おります。海外のマジシャンにとっては、その状況は大変羨ましく見えているようです。

　何故これほどクロースアップ・マジックが日本に定着したのでしょうか。
　それはやはり、Mr.マリック氏というこの分野の先駆者がいたからに他なりません。前世紀の終わりに、マリック氏がそれまで一部のマニアの楽しみであったクロースアップ・マジックを仕事として開拓し、メディアを通じて広く大衆にアピールしたのは、維新以来の大革命と言えるでしょう。
　偉大な先駆者の業績を真似て、多くのマジシャンが、クロースアップという分野に群がりました。そして沢山のマジックを見せるお店が誕生することとなったのです。

　しかしながら、お店で見せる環境というものは、今までの舞台でのマジックとは違います。観客との距離が近い分、接客業としての技術が求められるのです。演技者の独創性よりも、観客の満足度が優先されるようになるのです。これは、経営側のマジシャンに対する要望としては当然のことです。結果どの店に行っても同じようなネタが行なわれるようになりました。
　お店に出るようになれば、確かにある程度の収入を得ることができるでしょう。しかしながら、芸としてのマジックを考える場合、観客に媚びた飲み屋芸としての技術は上達するでしょうが、本来アーティストとしての芸に対する真摯な態度と創造性は、損なわれて行くように思えてなりません。お金儲けの点から見たら、羨ましいでしょうが、これは決して良い状況とは言えないのです。

　マジシャンには、その活動する現場の色が付いてしまいます。長年、地方の温泉場廻りをして、場末臭の抜けなかった私が言うのですから間違いありません。
　自分でお店を開業するなり、水商売の勉強をしたいのならば良いのです。
　マジシャンとして、独自に立ちたいのであれば、お店のマジシャンは4～5年で卒業して、さらなるステップを目指すべきなのです。

Section:7
竹本 修

　2002年にメンタルマジック専門のインターネット通信販売店であるフェザータッチMAGICを立ち上げる。
　日本マジック界でのネットショップの草分けとして、海外の多くの優秀なマジックを国内に紹介。「ブックテスト最終兵器」「フリー・ウィル」などの数多くの優秀なヒット商品を販売する。その確かな選択眼は多くのプロマジシャンから最も信頼されている。

Section:7　竹本 修

予知との遭遇

　純粋な不思議さを追求するのであれば、最も適しているのがメンタルマジックという分野でしょう。マジックらしさを廃した作品の数々は、まさに魔法の再現に他なりません。一般の観客に与える衝撃は強烈です。そのメンタルマジックを専門的に取り扱っている竹本氏から、非常に不可能性の高いカードの予言マジックを提供していただきました。

現象
　カードケースから1組のカードを取り出し、改めます。空になったケースに予言を書いたメモを入れておきます。
　カードを表向きにして持ち、1枚1枚フェイスを見せながら、フェアにテーブルに配っていきます。観客にどこでも好きな所でストップをかけてもらいます。
　観客によって選ばれたカード（例えばクラブの3）をハッキリと分かるように横に除けて置きます。テーブルに配られた表向きのカードにも、手持ちの残りのカードにもこのクラブの3は無いことを改めます。
　先程予言の紙を入れたカードケースを取り上げます。少し振ってみるとカタカタと音がして、間違いなく紙が入っていることが分かります。ケースを開けて、中に先ほどの紙が入っているのを見せます。ゆっくりとケースを傾けて中に入っている紙をテーブルに落とします。
　その予言の紙を開いて見ると、クラブの3と書いてあり、見事予言の的中です！

★ カードを選ぶのは表向きに配られるカードですので、非常にフェアに選んでもらえます。＜フリー・チョイス＞
★ 予言の紙は事前にケースに入れておきます。出すときも、非常にフェアにケースから出てくるところを見せることができます。

必要な物
・下記の様な特別な仕掛けのデック
・下記の様な特別な仕掛けのカードケース
・メモ用紙と筆記用具

準備

〈カードの準備〉

カードにそれぞれの予言の紙を入れておくポケットを作ります。

カードを図のように切って、ポケットになる部分を作ります（図1）。

これをもう1枚のカードの上に縁を貼り付けます。（上、左、下側を貼る）⇒ これでポケットができます。

メモ用紙を5センチ角程度にカットして、予言の紙とします。これを4つ折にして、カードのポケットに挿し込んでおきます（図2）。

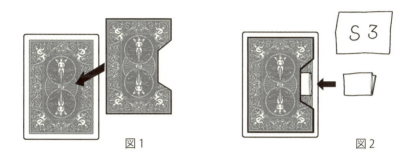

図1　　　　　　　　　　　　　　図2

これらのポケット付きカード（フォース・カード）は8枚程度で良いと思います。予めこれらの8枚のフォース・カードに合わせて、予言の紙にカードの名前を書いておきます。

ただし、予言の紙をカード・ポケットに入れるのは、ひとつずつずらして入れます。スペードの3の紙は次のカード（例えば、ハートのエース）のポケットに、ハートのエースの紙は次のカード（例えば、ダイヤの7）のポケットにと、ずらして入れておきます。

8枚のフォース・カードの順番は予め決めておきます。その上に置くもう1枚のカードも決めておき、最初のポケットカードにその予言を入れておきます。さらにそれらのカードの上に（裏向きで）5～10枚程度のレギュラー・カードを置きます。また、ボトムにも20枚程度のレギュラー・カードを置きます。これでデックは準備完了です。

〈セットの確認〉

デックのトップから6枚（～10枚）のレギュラー・カード、次にフォース・カード（ポケット付きカード）10枚（これらは、ポケットに前のカードの名前が書かれた予言の紙が入っています）、その後にレギュラー・カード20枚程度。これをカードケースに入れておきます。

ポケット付きカードが分厚くなるため、全体で 35 枚程度に収めます。

カードのポケット側が取り出したときに右側になるようにします。

〈ケースの準備〉

ケースの裏面に**図3**のように切込みを入れます。このスリットから、予言の紙を出し入れします。

1×3センチ程度にカットした透明板（クリアファイルをカットしたものでもOK）を、ケースのセロファン包みとの間、底面に入れておきます。また、ケースとセロファンとの間に1～2ミリ程度のすき間ができるようにケース両端に適当なスペーサを貼り付けておきます。（2ミリ×15ミリ程度）**(図4)**

こうしておくことで、ケースを持って軽く振ると、「カタカタ」という音を出すことができ、中に紙が入っている錯覚を起こすことができます。

この他に、ダミーの予言の紙を4つ折りにしておきます。

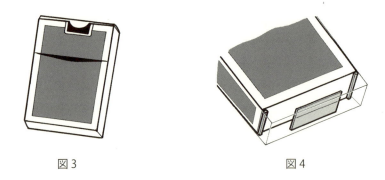

図3　　　　　　　　　　　図4

手順

小さなメモ用紙を取り出し、予言を書きます。(実際は書く振りだけ)ペンはテーブル右端に、予言の紙は4つ折りに折ってテーブル中央に置いておきます。

ケースからデックを取り出し、軽く裏と表面を広げて改めます。ケースは切り込み面が下になるように置きます。デック裏面は右側がポケット＆予言の紙になりますので、テーブルにスプレッドしても、両手の間で広げても大丈夫です。改めたら、デックをそろえて横向きにしてテーブルに置きます。この時、ポケット側が手前演者側になるようにすれば、厚みは気付かれません。

ダミーの予言の紙を示し、

「あらかじめ予言をこの紙に先程書いておきました。あとで確認します」

と言って、ケースの中に入れます。この時に、左手でケースを取り上げますが、左手親指でスリットの下を押すようにして開けておきます。

右手でフラップを開いてから4つ折の予言を持ってケースの中にいれますが、実際は、スリットを通して外側に半分ほど出してしまいます（**図5**）。

図5

　この状態でフラップを閉じ、右手でケース上端を持って耳元に持っていき、軽く振って紙が中でカタカタと音を立てている（実際はギミックが音を立てている）のを確認させます。この時に何気なく両手は空であることも改めます。
　ケースを左手に持ち替えますが、左手親指が飛び出た紙に当たるように持ちます。親指を下にスライドして紙を完全に抜き取り、ケースをテーブルに伏せて置く時にフィンガー・パームしてしまいます。すぐに右手はペンを取り上げ左手に渡します。左手はペンをポケットにしまう時に紙も処理してしまいます。

　右手でデックを取り上げ、左手に置きながら両手でカードを揃えます。
「これからあなたに好きなところでストップをかけてもらい、1枚カードを選んでもらいます」
と言いながら、左手を返してデックを立てて、フェイスが観客に向いた状態で左手に持ちます。
　左手親指でトップ・カードを押し出し、右手で受け取り、カードのフェイスを良く見せながら、
「これから、こうしてカードを1枚1枚見せていきますので、好きな所でストップをかけてください」
と説明しながら、表向きにテーブルに配っていきます。
「ストップがかかった時に、配り終わったカードではなく、こうして手に持っているカードが選ばれたカードとなります」
と言いながら、最初のレギュラー6枚を配ってしまいます。
　この後10枚はフォースカードですので、ゆっくりと1枚1枚カードを示しながらストップのかかるのを待ちます。
　ストップがかかったら、

「このカードですね」
と、念を押しながら少し前方に分かるように置いておきます（例えばクラブの3 図6）。

図6

デッキをそろえて横に返して、表向きにして左手にのせます。この時もできるだけ両手が空であることを、何気なく改めながら持ち替えます。ポケットは左側になります。

「今配られたカードにも、こちらの残りのカードにも、今選ばれたこのクラブの3はありませんね」
と言いながら、デッキを両手の間に広げていきます。この改めの動作中に、左手中指でカード・ポケットから予言の紙をひそかに抜き出してフィンガー・パームしてしまいます。

デッキはテーブルに置いて、左手で（予言の紙をフィンガーパームしたまま）ケースを取り上げます。この時、フィンガー・パームした4本の指がケースの裏に行くように（すくうように）取り上げます。親指でケース手前を押し下げるようにすれば向こう側が持ち上がりますので楽になります。
体を左に向けながら、ケースの表面を見せるように左手を左側に移動させます。この時、密かに予言の紙をスリットから挿し込んでしまいます（完全に差し込めなくても大丈夫です）。
すぐに右手でケースの下側を持って、
「ここに予言を入れておきました」
と言いながら、軽く振って音を立てます。この時も何気なく両手は空であることを改めます。
左手でケースを後ろから保持しながら、人差し指で予言の紙を最後まで押し込んでしまいます。

右手はフラップを大きく開けて中を見せます。ゆっくりとケースを傾けながら、中から紙が出てくるのを良く見せます。

　紙がテーブルに落ちたら、それを開いて見せて予言を読上げます。予言は的中です！

★ ギミック・カード（ポケットカード）を作るのが面倒な方は、フェザータッチ MAGIC で販売中の「カードの大予言」が同じギミック・カードを使用していますので、そちらをお求めください。ただし、予言の紙はひとつずつずらしてセットしてください。

Section:7　竹本 修

ミラクル・ウォレットM

いわゆる『ピーク・ウォレット：書かれた情報をひそかに読み取るサイフ』ですが、従来からの機構にひと工夫追加することで、ほとんど怪しい動作無しで、観客の書いた情報を読み取ることができます。

現象
このマジックでは演出が重要ですので、以下の現象説明では台詞も詳しく記します。

名刺入れを持ち、中から1枚の名刺を取り出します。
演者は後ろ向きの状態で、観客に名刺の裏側に好きな3桁の数字（または、簡単な図形）を書いてもらいます。
書き終わったら、名刺を表向きにして見えないようにしてテーブルに置いてもらい、合図をしてもらいます。
演者は前に向き直り、
「信じられないでしょうが、この特殊なケースは書かれた情報をスキャンして送信することができるのです…。試してみましょう…」
と言って、名刺入れのポケットにその名刺を裏向きのまま差し込みます（**図1**）。
直ちにこの名刺入れを左手の上に置きます（**図2**）。

図1

図2

「書いていただいた名刺は、このように外ポケットに入っていますので、常に見えています」
「抜き取ってひそかに覗き見ることは不可能です」
「では、送られてくる情報をキャッチしてみましょう」
と言って、右手をその名刺入れの上にかざします（**図3**）。

図3

「手を敏感にして、波動を感知することができるようになれば、その送られてくる情報を読み取ることも可能なのです…」
と言って、しばらく手をかざします。
「今、感じる情報…数字は、3、4、7、が強く響いてきています。合っていますか？」
「順番もきちんと読み取ってみましょう…まず4、次が3、そして7、『437』ですね！」
　正解です！

このウォレットの特徴
・書いてもらう情報、読み取る情報は、数字でも言葉でも図形でも、問題ありません。
・名刺入れは一度も開くことはありません。ただ、外ポケットに差し込んでおくだけです。

仕掛け・準備
　まず、外ポケットの付いた名刺入れ（またはカード・ケース）を準備してください（**図4**）。
　外ポケットの内側を**図5**のようにカットします（外ポケットに差し込んだ紙の裏側が見えるようになります）。

図4　　　　　　　　　　　図5

　メモ用紙の裏に透明シート（クリア・ファイル）を貼り付けますが、左方向に約5〜10ミリ程大きく伸ばしてのりしろ部分を作っておきます。このりしろ部分を上下に稼働するようにしておきます（**図6〜図7**）。

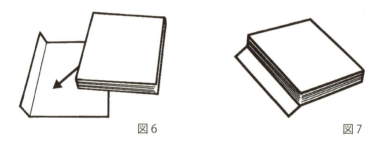

図6　　　　　　　　　　　図7

　のりしろ部分に両面テープを貼り、中央付近に貼り付けます（**図8**）。綺麗に仕上げるにはワレットの皮を縦に切り込み、そこに差し込むようにして貼り付けます。

　こうすると、メモ用紙の束がフラップのように開閉するようになります（**図9**）。

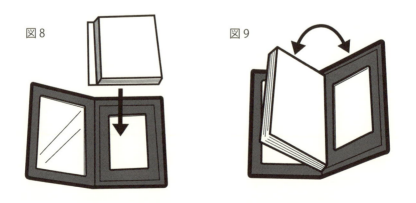

最後の仕上げは、フラップになった透明シートに、ミラーシート（樹脂ミラー、または薄い鏡でも良い）を貼ります。

このようにすると、外ポケットに差し込まれた紙の裏側の情報が写って見えるようになります（図10）。ただし、鏡文字で逆さに見えますので、あらかじめ読み取る練習をしておいてください。

図10

図11

手順

名刺入れを左手のひらに置いた後、右手をゆっくり上下させて読み取る演技をします。この時は、頭を右に向けて宙を見つめるようにします。

数秒して、ひそかに左手親指を使って、外ポケット部を2〜3センチ程持ち上げます（図11）。

一瞬だけ、頭を左に向け、ちらっと鏡に写った文字や図形を覗き見たら、ケースはすぐに閉じてしまいます。

再度、宙を見つめながら、
「読み取れました…」
と言いながら、今覗き見た情報を示して終わります。

● ケースを少し向こうに傾けるようにして、開くようにすれば、少しの隙間で読み取れます。
● できるだけ名刺入れの中を見る時間を少なくなるように、あらかじめ左手でセットしてから一瞬だけ覗き見るようにします。

Section:7　竹本 修

秒速・インデックス〈ポケット・キャディ〉

　アメリカのメンタルマジシャン Harvey Berg のレクチャーノート（2005年マインドベンション）から、許可を得て紹介させていただきます。
　作者のハーベイ・バーグ氏は、ニューヨーク在住のセミプロのメンタルマジシャンです。作品（商品）としては、あの優れた「ブックテスト最終兵器」Final Exam、「インターセプト」Intercept 等があります。（竹本修）

現象
　観客に好きなカードを1枚心の中で自由に決めてもらいます。
　あらかじめテーブルに置いてあったデックを観客に取り出してもらい、1枚1枚カードを表向きに配っていってもらいます。
　何枚目にそのカードが出てくるかを数えてもらいます・・・・・・とうとう最後まで出てきません。そして最後のカードは51枚目でした。
　1枚足りません。心に想ったカードだけがそのデックに無かったことになります。
　演者は、「予めそのカードは予言として1枚抜き出して、このポケットの中に入れておいたのです」と言って、ポケットの中に手を入れて、1枚のカードを取り出します。まさしくそのカードは、先程観客が心の中で決めたカードです！

仕掛け
　2組のデックを使用して、観客が選んだカードが入っていないほうのデックをフォースするわけです。
　2組のデックの構成とそのデックをフォースする方法は、テッド・レズリーのDVDの中の「Promonition」で解説されています。
＊同様のデックの構成は、『図解カードマジック大事典』（東京堂出版/2015年）に収録のエディ・ジョセフ氏の「虫の知らせ（Premonition）」（501ページ）を参照してください。

　このマジックで重要なポイントは、いかにそのカードをポケットから、あたかも1枚だけ入っていたように取り出すかです。

秒速・インデックス〈ポケット・キャディ〉

　一般的に知られている「カード・インデックス」を使って、13枚のカードの中から取り出すのには、結構時間が掛かってしまいます。

　今回ご紹介するカード・インデックスは、「ポケット・キャディ」という名称のものです。これを使いますと、どんなカードでも秒速で一瞬に取り出せます。
　カード6枚を保持することのできるキャディを9組製作します。2組のキャディで12枚のカードが取り出せます。
　1（エース）～12（クイーン）のカードをスート（マーク）毎に並べて、上着の左右のポケットにセットしておきます。
　ダイヤの1～12（2組のキャディ）を左の外ポケットに、クラブを左の内ポケットに。同じようにして、ハートを右の外ポケットに、スペードを右の内ポケットに。K（キング）4枚は、1組のキャディの中に入れて、胸ポケットに入れておきます。

ポケット・キャディ製作図

- 選択・取り出し用のカード〈縦向き〉
- 選択・取り出し用のカード〈横向き〉
- 固定帯（両端糊付け）
- キャディ用フルサイズカード
- キャディ用ハーフサイズカード
- キャディカード糊付け場所（グレー部分）

拡大立体図　　断面図

― 取り出し用カード
= 糊付けされたキャディカード

　例えば、「ハートの3」が選ばれたとしたら、右手を右の外ポケットに入れて、2組のキャディの内側（1～6）の縦向きのカードに指を当ててから、その内側のカードを引き出せば良いわけです。
　2組のどちらかのキャディかを区別するのは、縦向きのカードが2つありますので、内側（1～6）か、外側（7～12）かを、親指で分ければ簡単です。

Section:7　竹本 修

　あとは、該当するカードを親指で抜き出すか（奇数）、他の4本の指で抜き出すか（偶数）によって簡単に取り出せます。

　この「ポケット・キャディ」の材料は全てお手持ちのカードで作れます。カードを半分にカットしたもの6枚とそのままのカード4枚を糊付けして簡単に作れます。製作図を基にぜひ作ってみてください。きっと役にたちます。

マジシャンズ・チョイス／フォースに関する一考察

　世界中のマジックから、竹本修氏が自身のネット・ショップで取り扱うマジックを選択する基準は、非常に厳しく、また確かなものであります。真に実用的で、一級の不思議を生み出すものであること。それは、多くのプロ・マジシャンが竹本氏のショップからトリックを購入し、自身のショーに活用していることからも、証明されることなのです。
　その竹本氏が、メンタル・マジックの基本である『マジシャンズ・チョイス』について、不思議を生み出すためのコツを、以下にわかりやすくまとめてくださいました。実践に役立つ理論をご一読ください。（カズ・カタヤマ）

　カードマジック、コインマジックにおける、パーム、パス、スチール、シャトル・パスなどと同じように、メンタルマジックにおいては、「マジシャンズ・チョイス」が非常に重要なテクニックになります。
　カードマジック、コインマジックの技法は、皆さん何時間も練習して完璧にしていきますが、残念ながら、メンタルマジックで最重要なテクニックの1つである「マジシャンズ・チョイス」(Magician's Choice) はそれほど練習されていないし、うまく使われていないように感じます。ぜひこの機会に正しい使い方を覚え、練習していただきたいと思います。

　松田道弘さんの『メンタルマジック事典』（東京堂出版/1997年）の解説でも、簡単に下記のように紹介されているだけです。
　〈2つの物があって、演者がどちらかを客に取らせたい時、『どちらか1つを指さしてください』と指示して、要らないほうを指さした時は『それは要りませんからこっちにください』と言って、受け取り片付けてしまう。もし、必要な方を指差したときは、『そちらを使いましょう』と言って、要らない方を片付ける。このように言葉の持つ"あいまい性"を最大限に利用しているのがこのフォーシング・テクニックの特徴である〉

Section:7　竹本 修

　大半の本やマジック用品の説明書はこのように書かれています。これは、実際に使われる（使う）テクニックではなく、アイディアを示しているだけだと思います。
　実際にこうしてマジシャンズ・チョイスで何かを選んだ（選ばされたとき）、客は、何かしら腑に落ちない感じを持っているものです（何かコントロールされているのを感じています）。
　マジシャンズ・チョイスがうまく使われた時、客は自分の選択に自信を持っています。ずっと主導権を握っていたと信じています。観客は選択の過程で、演者の影響を全く受けていなかったと信じているべきなのです。

〈大原則１〉
　観客が選んだものを取り除かないこと。
　誰かに何かを取るように、また選ぶように言われると、その物を持っておきたい、所有したいと、暗に思うものです。それを、『では、使いませんので取り除きます』と言われると、何か違和感を持ってしまいます。
　マジシャンズ・チョイスでは、言葉のあいまいさを利用します（この場合、選んだものを使うとも使わないとも最初に言っていないので、コントロールできる）が、観客に不信感を与えてしまいます。＝選んだものを取り除かないこと。
　では、フォースしたい物以外が選ばれた時はどうしたら良いのでしょうか。

〈ルール１〉
　言葉に注意！『選ぶ』、『取る』という言葉は避けます。
　かわりに、『指す、隠す（カバーする）、触る』といった言葉が良いと思います。「カードの山のどれか２つを取ってください。」と言うかわりに、「両手でどれか２つの山の上に手を置いて隠してください。」と言います。この言い方だと、その２つの山を取り除くことが必要だとしても、観客の「所有」を無視したことになりません。さらに、ここで巧妙で素晴らしい質問は、カードの山がカバーされた後、「本当に、他ではなく、この山２つでよろしいですね。」と念をおすことです。＝観客の自由意志の選択であることを再確認・強化します。

〈ルール２〉
　決して客から何も取り除かないこと。
　むしろ、客の自由意志によって、選んでもらった物をあなたに渡してもらうようにします。このようにして、結果的に観客自身に取り除く行為をしてもらうのが良いでしょう。

〈演技例1〉

　ブックテストで、準備した（仕掛けのある）本：A、を使うとします。その時、単にその本を観客に渡すより、観客が自分で選んだようにするのが一番良いと思います。

　例えば、他の2冊の本：B、C、を用意して、これら3冊の本を観客＜1＞に渡します。それから、『3冊の中から1冊を私に渡してください。』と言います。渡してもらったら、その本がAであろうとなかろうと、「これで本当によろしいですね？」と念を押します。

1）その本がAであった場合：これからテストを行なう観客＜3＞にその本を渡します。

2）その本がBまたはCの本であった場合：もう1冊、本を私に渡してくれるように頼みます。

3）2回目の本が再びBまたはCの本であった場合：何も言わず、その2冊を片付けて、「テストのために取っておいてくれた」そのAの本を観客＜3＞に渡すように言います。

4）Aの本が2回目に渡された場合：その2冊を抱えて、2人目の観客＜2＞のところへ移ります。

　移り終えたら、その2冊を渡し、それから、最初の観客＜1＞のところに戻り、持っている本を取り、何も言わずに片付けます。まだ使用中の2冊の本を観客＜2＞に渡し終えるまでは、＜1＞が持っている3冊目の本を片付けないこと。また、最初の観客＜1＞の手から本を取るのは、さりげなく行ないます。注意はすべて2人目の観客＜2＞に向けられるようにしながら、このことをします。これがメンタルマジックにおけるミスディレクションです。

　それから、観客＜2＞のところへ行き、2冊の本のうち1冊を私に渡すように頼みます。

　ここで、観客＜1＞にしたのと同じように行ないます。Aの本を渡してくれた場合は、すぐにその本をテストする最終の観客＜3＞に渡します。他の本BかCを渡してくれた場合は、「これで本当によろしいですね？」と尋ね、「はい」と答えれば、その本を片付けて、残されたAを観客＜3＞に渡してもらいます。

　ここで非常にうまいせりふは、『私は全くその本に触れていません』と、観客から最終の観客＜3＞に渡してもらうことにより、クリーンさを印象づけることができます。

〈演技例2〉

「フリーウィル：Free Will」という商品があります。3つの物のゆくえが全て予言されているというものです。

第1段階では、非常に巧妙なマジシャンズ・チョイスが使われています。最後には、もう一ひねりアイディアが追加されていて、不思議な予言成立をみます。

3つのチップを良く改めた後、裏向きにテーブルに置きます。ここで、演者が行ないたいことは、Aのチップを袋に入れることです。

観客に『どれでも自由に好きなチップを指差してください』と指示します。このとき演者は、左手に何気なくしかし、それと分かるように小さな袋を持ちます。

もし、Aのチップ（フォース）が選ばれたら、『それでよろしいですか？』と念を押した後、『では、そのチップを取って、この袋に入れてください』と指示をします。これで第1段階完了です。残った2つのチップは、全く自由に、観客と演者で1つずつ取って握ります。

BまたはCのチップが選ばれたら、『そのチップでよろしいですね』と念を押しながら、『では、そのチップをしっかりと右手の中に握って、持っていてください』と指示をします。

続いて、『この2つのうちから、ひとつ私にください』と指示をして、Aのチップが選ばれたら、手にしている袋にそのチップを入れます。『では、残ったこのチップは私が握ります』と言って、3番目のチップは、観客と同じように、演者の手に握ります。

もし、1回目がBまたはC、（観客に握らせる）2回目もAではなかった時は、そのチップを演者の手に握ります。『では、この残ったチップはこちらの袋の中に入れておきます』と言って、残ったチップを袋に入れて完了です。

どの場合でも、選ばれたチップを取り除いていません。選ばれたチップを取って握ってもらうか、選ばれたチップを取って、袋に入れてもらうかですので、観客はすべて自分で選んで行動している安心感があります。自由に選んだ自信があります。

この後、第2段階で、観客のチップと演者のチップを交換できるチャンスが与えられます。これは、全く自由（完全にフリーチョイス）ですので、第1段階の行動の自由選択のイメージが強化されます。

1つをマジシャンズ・チョイスで選ばせて終わり（演者にとっては終わりですが）ではなく、袋の存在がうまくミスディレクション的に働いてくれますので、演じる側には負担が少なくて、最大限の効果が発揮されるわけです。観客の握っているチップ、演者の握っているチップ、そして袋の中のチップと、3つが全て予言通りになってしまいます

〈要点〉

● 選んでもらったら、『これでよろしいですね』と念をおして、観客が主導権を握っていることを感じてもらうこと。

● 選んでもらったものを取り除かないこと。選択の確認をした後、渡してもらうこと。

● フォース以外のものを片付けるときは、ミスディレクションを効かすこと。

　以上、3つのポイントを押さえて、奇跡的なメンタルマジックを演じてみてください。

マジックの学び方

　21世紀に入り、驚異的なネット環境の浸透で、マジック習得の方法も様変わりしてきました。若いマジシャンも「YouTubeでマジックを覚えた」という者が増えています。

　ネット上では、無責任に種明かしが流されているので、マジックのアイディアに対する価値が認識されず、基本技法習得をとばして、流行のマジックを追い求める風潮にあります。

　趣味でマジックに取り組む者であれば、それは結構。しかし、プロとして取り組むのであれば、自身の人生設計とともに、安易な方法に流されていることに気付かなくてはなりません。もっとも、マジックに限らず、全ての世の中の事象について、お手軽で安易な方向に流されているのが現実です。これは、悪の秘密結社が、日本人をバカにしておこうと地下で暗躍しているのでしょう…。

　私がマジックを本格的に学び始めた1980年頃、家庭用ビデオデッキの普及によりいわゆるレクチャー・ビデオという代物が、大量に出回りました。映像でのマジック習得は、それまでの書籍による習得よりも、安易にコピーができ、書籍ではわかりにくかったタイミングや間というものが、理解しやすかったのです。

　しかしながら、これでは模倣はできても、新しいものを生み出し、育てるという段階には到底行き着かない。という思いに至りました。

　そのようなことに気付いた者は、書籍によるマジックの学習、古典の習得、という形に戻っていったのです。書籍による習得は、わかりにくい部分を自身の想像力で補うという、考える作業が不可欠となるのです。確かに時間はかかるし、時としては、とんでもない勘違いも起こります。

　その回り道とも言える過程が、思考力を養うのに役立つのです。

　考えのないマジックは模倣にすぎません。

　同じことが、現代のマジックにも言えるのかもしれません。ネットで安易にトリックを真似ることはできても、それだけではいけないと気付く少数のマジシャンが、再び書籍によるマジックの学習に切り替えていくことでしょう。

　現代日本では、先人の残した数多くの偉大な業績が日本語で読み込むことができます。宣伝ではありませんが、書籍による学習を強くお勧めする次第です。

Section:8
シオミ

　駄洒落を駆使した脱力系マジックの第一人者。
　観光都市京都で、長年マジックディーラーを務め、多くのマジシャンを育成。1999年滋賀県大津市にマジックショップS企画を設立。他で真似のできない脱力ネタを数多く発表。マジック界に旋風を巻き起こし続けている。
　一方で、ミュージシャンとしても活動し、ライブ、イベントなどで多彩な才能を発揮する。
　平成29年度大津市文化賞受賞。

Section:8　シオミ

コイン・ボックスでカード当て

　シオミ氏は数々の駄洒落マジックと、他人の真似できない脱力ネタで多くのマニアの度胆を抜いてきました。しかし、古くからの氏を知るマニアの間では有名な話ですが、真面目なスライハンドのクロースアップ・マジックも、意外なことにちゃんと研究されています。
　そのシオミ氏の多くの作品の中から、コイン・ボックスとカード当てを組み合わせた面白い手法を紹介します。

現象
　コイン・ボックスの中にコインを1枚入れてテーブルに置きます。
　観客にカードを覚えてもらい、デックの中に混ぜます。
　コイン・ボックスを開けるとコインが消えています。
　観客がデックをカットすると、観客のカードの所からコインが現れます。

必要な物
・オキトのコインボックス　1組
・コインボックスに入るコイン　1個
・レギュラー・デック　1組
　テーブル上にマットが敷いてある方が望ましい。

手順
　コイン・ボックスの蓋を取り、観客にコインを入れてもらいます。
　コイン・ボックスに蓋をしますが、ターンノーバー・ムーブを行なってボックス本体をひっくり返して蓋をします。
　コイン・ボックスと中のコインを、そのままテーブルの左側に置きます。
　デックを取り出し、観客に1枚のカードを覚えてもらいます。
　観客のカードをデックに混ぜ込んだように見せ、実際はデックのボトムにコントロールします。
　一度デックでスプリングを行ない、デック全体に軽く反りをつけます。

コイン・ボックスでカード当て

デックをテーブル上のコイン・ボックスの右側に置き、左から右に短くリボン・スプレッドして広げます（図1）。

図1

右手でコイン・ボックスを右方向に取り上げますがこの動きで、コインボックスの中のコインをキック・ムーブの要領でスプレッドしたデックの下に滑り込ませます（図2）。カードに反りをつけるのは、この動作をやりやすくするためです。

図2
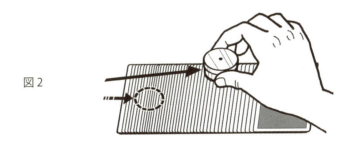

コイン・ボックスをテーブルの右前方に置きます。
スプレッドしたデックのトップカードを左手に取り、このカードをスプレッドの左端からボトムに差し入れ、同時に右手をスプレッドの右端に当てて両手でスプレッドを閉じます。スプレッドの下のコインは、左手で差し入れたカードとデックの間にはさまれることとなります（図3）。

図3
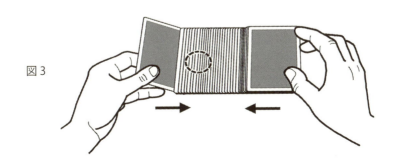

Section:8　シオミ

　コインを落とさないように注意しながら、デックを取り上げ、左手ディーリング・ポジションに持ちます。
　右手でデックの上半分を取り上げ、下半分の下にまわしてカットします。これでコインはデックの中央で観客の選んだカードの下にあることになります。コインを落とさないように注意してください。
　デックに圧力を掛けながら表向きにひっくり返して、テーブルの中央に置きます。
　ここでおまじないをかける動作をします。
　コイン・ボックスを取り上げ、蓋を取りつつ本体を反転させながら落として、コインが消えていることを示します。
　観客にデックを真ん中あたりから分けて持ち上げてもらいます。
　観客はコインの所でデックを持ち上げます。コインの下に観客のカードがあります。
　コインが消えて観客のカードを見つけ出したのです。

　シオミ師がこのマジックを行なっているのを見ると、大変楽しい演技となります。段取りは長く感じられるかもしれませんが、実際は大変シンプルな効果です。あなた自身の演出を加えて楽しいマジックに仕立てて下さい。

シルクとコイン

　古典的なマジックに、ほんの少しのアイディアを加味するだけで、違った価値が生まれることがあります。
　このマジックは、いわゆる『シンパセティック・コイン』のユニークなアプローチであり、マジック用のシルクを用いることで、新しい味わいが生まれていることに注目してください。シオミ氏の非凡な着眼点が素晴らしい作品です。

現象

　4枚のコインをテーブルに四角く並べて、その上にシルクを広げて被せます。
　1枚ずつコインは消されて、一箇所に集まります。

必要なもの

・ハーフ・ダラー　4枚
・シルク　45センチ角　濃い色のもの　1枚
　テーブル上にマットを敷いておきます

手順

　マットの上に4枚のコインを四角く並べます。各コインの間隔は20センチ程で、図1のようにコインの位置をA、B、C、Dとします。
　コイン全体にシルクを掛けます。図2のようにコインが透けて見えることを確認します。

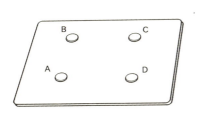

図1

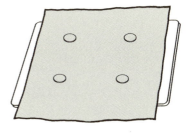

図2

Section:8　シオミ

　シルクの四隅を中央に向けて折りたたみます。シルクが二重になり、コインが透けて見えなくなります（図3）。
　左手でシルクの左手前側を持ち上げます。
　Aのコインを右手で取り上げたように見せますが、実際は図4のように親指で右方向にコインを弾きます（キック・ムーブ）コインはシルクの下を滑ってDの位置にきます。コインがぶつかって音がしないように力の配分をつかんでください。

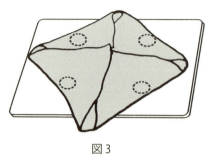

図3

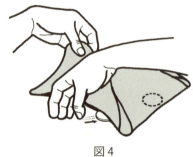

図4

　右手のコインを左手に握った演技をします。
　左手を開いてコインが消失したように見せます。
　シルクの左下隅を図5のように元通りに広げて見せます。

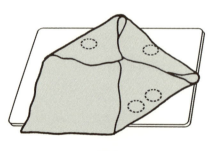

図5

　次に左手で左観客側のシルクを少し持ち上げます。
　Bのコインを右手で本当に取り上げて、左手に渡したように見せて、実際は右手にクラシック・パームします。
　左手を開いて、コインが消失したように見せます。
　シルクの左上隅を広げます。
　続けて左手で右観客側のシルクを少し持ち上げます。

シルクとコイン

　右手で、Cのコインを取り上げたように見せますが、**図6**のようにCのコインは親指で手前（Dの方向）に弾きます。そして、パームしているコインを指先に落として、いま取り上げたコインのように示します。

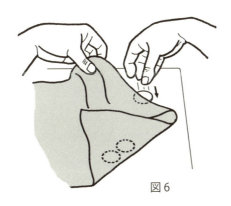

図6

　右手のコインを左手に渡したように見せて、右手にクラシック・パームします。左手を開いて、コインが消失したように見せます。
　シルクの右上隅を広げます。
　右手で中央に残っているシルクの右下隅をつかみますが、パームしているコインをテーブルに落としてから、シルクの端を広げます（**図7～図8**）。

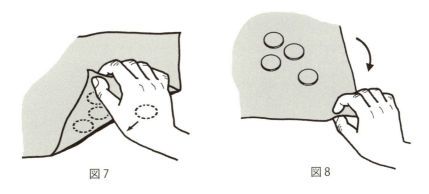

図7　　　　　　　　　　　　　図8

　シルクの上から4枚のコインが集まっているのが透けて見えます。
　シルクを取り、4枚のコインを示して終わります。

Section:8　シオミ

画鋲と五円玉

　不可能性の高い現象を設定し、その回答を見つけ出すという行為は、新しいマジックを生み出す一つの方法であります。
　シオミ氏は常識人の考え付かないような手法で、『画鋲で固定された五円玉』という不可能な状況設定での移動現象を達成しました。シオミ氏のユニークな発想に私達は常に驚かされます。

現象
　テーブルマットの四隅に画鋲で五円玉を4枚それぞれ止めます。
　ハンカチをかけておまじないをすると、五円玉は画鋲の刺さったまま一箇所に集まってしまいます。

必要な物
・五円玉　4枚
・下記のように準備した特別な画鋲
・インビジブル・スレッド　フローティング・ビルで用いる見えない糸　80センチ程
・マジシャンズ・ワックス
・紳士用のハンカチ
・テーブルマット

準備
　頭だけで針のついていない画鋲3個を作ります。
　これはプラスチック製の画鋲の針の部分を、ライター等で針の部分を熱することで抜き取ることができます（図1）。
　一般的な金属の画鋲の針の部分をペンチで切り取り、ヤスリで磨いて作ることもできます。
　この頭だけの画鋲の針の部分に、少量のマジシャンズ・ワックスを付けて画鋲の入っている紙箱（マッチ箱やカードケースでも良い）に付けておきます。
　普通の画鋲1個を同じ箱に刺しておきます（図2）。

画鋲と五円玉

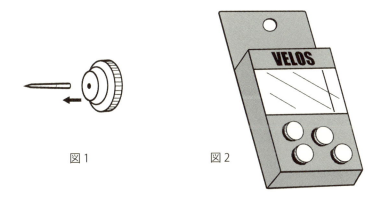

図1　図2

インビジブル・スレッドを 4 枚の五円玉に通して結び、輪にします（**図 3**）。この五円玉をスレッドが絡まないように道具ケース等に入れておきます。

図3

手順

　4 枚の五円玉を取り出し、テーブルマットの四隅に置きます。図 4 のように見えないスレッドが張られた状態になります。

　画鋲を貼り付けた箱を取り出し、頭だけの画鋲を図 4 の A 〜 C の五円玉に 1 個ずつ付けます。いかにも針の付いた画鋲を箱から引き抜いて、五円玉の穴に刺している演技をしてください。ただし、スレッドがワックスでくっ付かないよう注意してください

　本物の画鋲を図 4 の D の五円玉の穴に刺します。この画鋲だけがマットに固定されることになります。

　ハンカチを広げて、テーブル上の五円玉全体に掛けます。

　A 〜 D の順で、ハンカチの端をめくり上げて、五円玉を示します。

Section:8　シオミ

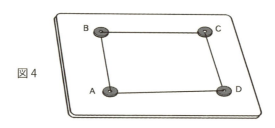

図4

　最後のDの五円玉を示した時に、**図5**のように右手をスレッドに掛け、ハンカチの端を戻しつつ、**図6**のようにスレッドをテーブルの右下方に引きます。五円玉は糸に引かれてDの位置に集まります。

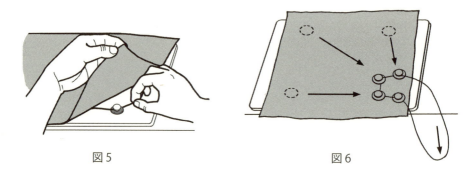

図5　　　　　　　　　　　　図6

　マジカル・ジェスチャーの後、ハンカチをゆっくりと取り上げ、五円玉が集まっているのを示します。
　頭だけの画鋲を順に外して、元のように箱にくっ付けます。
　最後に本物の画鋲を外して箱に刺します。
　五円玉を両手で取り上げて、スレッドを切ってしまい、観客に渡して調べさせます。

　もう1組、紙箱に本物の画鋲4個を刺したものを用意し、観客が五円玉を調べている間にすり替えれば、全ての道具を調べてもらうことができます。

四人のお妃

　これはレギュラーデックを使った強力な脱力系ギャグ・マジックであり、シオミ氏がいろいろなアイディアを再構築して組み上げた最高級の傑作です。
　実際に私（カズ）もコンベンションやクラブの講習会、バーやクロースアップ・ショーで演じていますが、マニアにも一般の観客にも常にウケが良いものです。特にシリアスな演技の間に挿入すると、観客のストレスを見事に解消してくれます。是非、レパートリーに加えて下さい。

現象

　キングとクイーンを使って、王様とお妃の波乱万丈の人生模様を語ってみせます。

必要なもの

　ポーカー・サイズのデックを用意します。
　デックより4枚のクイーンを抜き出します。
　まずクイーンの絵柄を確認して下さい。スペードのクイーンは右方向を向いていますが、他のクイーンは左方向を向いています。**図1**を見て下さい。ポーカーサイズのカードは大抵このような絵柄になっています。このクイーンの向きが大変重要ですので使用するデックのクイーンがこのように1枚だけ向きが違うことを確認して下さい。

図1

Section:8　シオミ

　スペードとハートのキング、スペードのジャックを抜き出して下さい。
　図2のようにスペードのキングが剣を持っていて、ハートのキングが剣を頭の後ろに持ってきているのを確認して下さい。たいていのカードはこのような絵柄になっているはずです。

図2

　デックのボトムにハートのキングをのせ、その上にスペードのキングをのせます。
　スペードのクイーンを赤の2枚のクイーンの間にはさみ、その上にクラブのクイーンをのせてクイーンのパケットとします。すべて表向きの順です。
　テーブルの中央に表向きのデックをそろえて置きます。ボトムのスペードのキングが見えています。
　デックの左側にクイーンのパケットを表向きにして置きます。
　デックからスペードのジャックを抜き出して、テーブルの脇に置きます。

手順

　「トランプには絵札があります。今日はこの絵札についての素敵なお話をお届け致します」
　と真面目な態度で話しはじめます。
　「キングは王様であり、絶対的な権力を持っていました」
　デックのボトムのスペードのキングを示します。
　「もちろん権力者ですから4人も奥様を持っていたのです。クイーンはお妃です」
　と言いクイーンのパケットを取り上げます。
　「お妃と王様はとっても仲が良くて、いつもお互いを見つめあっていました」
　クイーンのパケットをデックの左横に持ってきて、図3のようにクラブのクイーンとデックのスペードのクイーンの手前側の顔を指差し、見つめ合っているのを示します。クィーンとキングには正と逆の2つの顔がありますが、通常人間は正方向の顔に注目します。観客から見て、正方向になる方の顔が向い合ってい

図3

るように注意して下さい。

　クイーンのパケットを180度回転させて、パケットの向きをかえても同じく見つめあっていることを示します。

　「4人すべてのお妃と仲良くやっていたのですから恐れ入ります」

　デックの左横で、クイーンのパケットをエルムズレイ・カウントを用いてゆっくりと4枚に数えます。スペードのクイーンが隠されるので、すべてのクイーンがキングと見つめ合っているように見えます。同じクイーンが2回見えるのですが、クイーンの向きに注目させているので観客に気付かれることはありません。

　クイーンのパケットをデックの左横に置きます。

　「ある日隣の国の王子様が通りかかりました」

　スペードのジャックを取り出し、表向きにテーブルの左端に置きます。

　「するとお妃のうち1人がその王子様に心を奪われてしまいました」

　クイーンのパケットを取り上げ、エルムズレイ・カウントと同様の動きで4枚にリバース・カウントで数えます。

　スペードのクイーンが見えるので、1枚のクイーンの向きが変わったように見えます。

　「このお妃は隣の国の王子様と駆け落ちしてしまったのです」

　クイーンのパケットをテーブルに置き、スペードのクイーンを抜き取りスペードのジャックの上に置きます。

デックを取り上げ、表向きのまま左手のディーリングポジションに持ちます。

　ここで次のように台詞に合わせてアードネスのカラー・チェンジ（フーディニー・カラー・チェンジ）を行ない、デックの一番上にあるスペードのキングをハートのキングに変化させます。

　「王様は大変なショックを受けました」

　右手をデックの上にかけます。右手小指でスペードのキングを押し、右手を前

Section:8　シオミ

方に動かすことでスペードのキングを2センチ程デック前方に突き出させます。
　右手の手のひらの肉で2枚目のハートのキングを押し、右手と一緒に手前に下げます。スペードのキングは突き出したままです。図4のようにスペードのキングの上部が見えます。
「手にしている剣で…」
　スペードのキングの剣を示してから、再び右手を前方に持ってきますが、スペードのキングの上に2枚目のハートのキングを持ってきます。スペードのキングを左手の人さし指で押し、右手の下でデックをそろえます。
「頭を刺して自殺してしまいました」
右手を左方向にずらし、ハートのキングの頭の部分を見せます。図5を見て下さい。キングが手にしていた剣を、頭に刺したように見えます。大変ユニークな効果です。

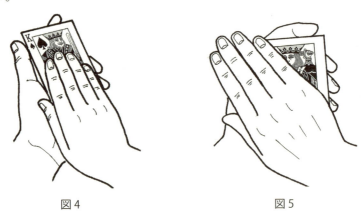

図4　　　　　　　　　　　　図5

「マークも血で真っ赤に染まってしまいました」
　右手をデックから離し、スペードのキングがハートのキングに変化したことを示します。
　右手でハートのキングをデックから取り上げますが、スペードのキングが見えないように左手を返します。デックを裏向きにしてテーブルの中央に横向きに置きます。
「しかし王様は一命を取り留めることができました」
　図6のように、ハートのキングをデックの中央に表向きに差し込みます。
「王様は病院に担ぎこまれ、ベットに横になりました。頭に剣を刺したままですけどね」
　デックに差し込まれたハートのキングが、いかにも布団をかぶって寝ているように見えます。

四人のお妃

図6

「王様が自殺未遂をおこしたことで、国は崩壊し3人のお妃だけが残されました」

3枚のクイーンを両手で持ち、デックの手前に表を観客に向けて立てます。

「3人のクイーンは一生懸命王様の看病をしました。ところがお妃のうち1人が夕方になるとどこかに行ってしまいます」

台詞に合わせてクラブのクイーンを、**図7**のようにテーブルの右方向に持っていきます。

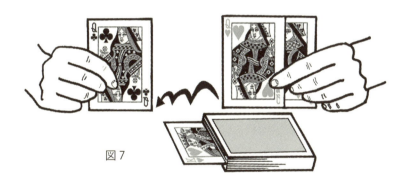

図7

「そして朝方になると帰ってくるのです」

クラブのクイーンを、他のクイーンのところに戻します。

「次の日も、その次の日もこのお妃は夕方になると出かけていって朝方に帰ってきました」

台詞に合わせてクラブのクイーンを、行ったり来たりさせます。

「さすがに残ったお妃がこれは怪しいと疑いだし、出かけて行ったクイーンの後をつけて行きました」

クラブのクイーンをテーブルの右端に置き、残ったクイーンが遅れてつけて行ったように動かします。

247

Section:8　シオミ

「こいつ、なにをしていたと思います？」
　いきなり観客に問いかけますが、答えを聞き出してはいけません。オチへの緊張感と期待をあおるための演技です。
「このお妃は銀座（演技している地方の繁華街の名前）で働いていたのです」
　少し間をとった後、クラブのクイーンのマークを指差してゆっくりと言います。
「クラブのママだったのです」

初出一覧

カズ・カタヤマ

- 変化するライジング・カード
  同人誌 掌PALM7号　掌PAM実行委員会/1991年
  後にフェザータッチMAGICのサービス原稿として改稿/2005年
- マイ・コリンズ・エース
  SFマジックフェスティバルコレクション1 片山工房/2005年
- 缶の中のカード
  SFマジックフェスティバルコレクション2 片山工房/2006年
- 赤と黒
  奇術の星　SFマジックフェスティバルコレクション5 片山工房/2009年
- 四種のコインでリバース・マトリクス
  同人誌　掌PAM18号　掌PALM実行委員会/1997年
- 三種のコインの飛行
  SFマジックフェスティバルコレクション1 片山工房/2005年
- コインズ・トゥ・グラス
  SFマジックフェスティバルコレクション2 片山工房/2006年
- 遅技でのコインの出現
  SFマジックフェスティバルコレクション3 片山工房/2007年
- もっと高く！ Take me higher!
  SFマジックフェスティバルコレクション3 片山工房/2007年
- 出現と貫通
  奇術狂の詩　SFマジックフェスティバルコレクション4 片山工房/2008年
- ハンカチの中で消えるコイン
  奇術狂の詩　SFマジックフェスティバルコレクション4 片山工房/2008年
- コップの中の悪夢
  奇術の星　SFマジックフェスティバルコレクション5 片山工房/2009年

ヒロ・サカイ

- フィスト・ピース
  SFマジックフェスティバルコレクション1 片山工房/2005年
- ノン・フォーチュン・テーリング
  SFマジックフェスティバルコレクション1 片山工房/2005年
- レッド・プリディクション
  Harry Lorayne's APOCALYPSE 1991 December 「Blue Prediction」

ハンドリングを修正して
　　　SFマジックフェスティバルコレクション3 片山工房/2007年
・ボート・ピーク
　　　奇術狂の詩　SFマジックフェスティバルコレクション4 片山工房/2008年
・コールド・ポイント
　　　奇術の星　SFマジックフェスティバルコレクション5 片山工房/2009年
・イレイザー
　　　I-magicサロン特別原稿/2017
　　　本書では新たに詳細に解説

ゆうきとも

・EZ-スペル
　　　SFマジックフェスティバルコレクション1 片山工房/2005年
・どこでもシルバー＆カッパー
　　　SFマジックフェスティバルコレクション2 片山工房/2006年
・クイック・クリンク
　　　SFマジックフェスティバルコレクション3 片山工房/2007年
・差し水
　　　奇術狂の詩　SFマジックフェスティバルコレクション4 片山工房/2008年
・わき道
　　　奇術の星　SFマジックフェスティバルコレクション5 片山工房/2009年

Yuji村上

・MEOTO-YOGEN
　　　奇術狂の詩　SFマジックフェスティバルコレクション4 片山工房/2008年
・Afternoon Prediction
　　　奇術の星　SFマジックフェスティバルコレクション5 片山工房/2009年
・Windom＆Miclas＆Agira
　　　SFマジックフェスティバルコレクション3 片山工房/2007年
　　　本書の解説は村上氏の冊子Starting Members 片山工房/2009年より転載

HIROSHI

・3-0-3
　　　SFマジックフェスティバルコレクション3 片山工房/2007年
・3＆3
　　　奇術の星　SFマジックフェスティバルコレクション5 片山工房/2009年

- コインとペンの手順
    2010年奇術の旅　SFマジックフェスティバルコレクション6 片山工房/2010年

鈴木 徹

- 入れ替わるループ
    SFマジックフェスティバルコレクション1 片山工房/2005年
- しろくま
    SFマジックフェスティバルコレクション3 片山工房/2007年
- スズキスライド
    奇術の星　SFマジックフェスティバルコレクション5 片山工房/2009年
- タイムパラドックス
    奇術狂の詩　SFマジックフェスティバルコレクション4 片山工房/2008年

竹本 修

- 予知との遭遇
    奇術狂の詩　SFマジックフェスティバルコレクション4 片山工房/2008年
- ミラクル・ウォレットM
    SFマジックフェスティバルコレクション3 片山工房/2007年
- 秒速・インデックス〈ポケット・キャディ〉
    SFマジックフェスティバルコレクション2 片山工房/2006年
- マジシャンズ・チョイス／フォースに関する一考察
    SFマジックフェスティバルコレクション1 片山工房/2005年

シオミ

- コイン・ボックスでカード当て
    SFマジックフェスティバルコレクション2 片山工房/2006年
- シルクとコイン
    シオミレクチャーノート 片山工房/1995年
- 画鋲と五円玉
    シオミレクチャーノート 片山工房/1995年
- 四人のお妃
    SFマジックフェスティバルコレクション1 片山工房/2005年

あとがき

　マジックには、「トリック」という他の芸能には無い構成要素があります。
　この「トリック」のおかげで、初心者でも気楽に楽しめますし、多くのアマチュア実演者も生まれます。しかしながら、この「トリック」が、芸能としてのマジックの本質を見えなくしてしまうのです。
　言い方を変えれば、「トリック」さえ成立してしまえば、演技や表現が拙くてもそれなりに成立してしまうのです。ここが最大の問題点であり、マジックの地位が単なる見世物からなかなか脱却できない原因とも言えるのです。
　心あるマジシャンはこの「トリック」を元にして、「魔法の再現」という魅惑的なショーを生み出します。「トリック」は使い方次第で、魔法を生み出す種（文字通りのタネ）となりえるのです。

　本書に掲載された『トリック』は、どれも実践と経験から生まれたものです。良質の魔法の種と言えるものです。この種を使って、何ができるのかを考えるのは皆さんの仕事です。各自の個性を発揮し、あなた自身の魔法を再現してください。

　作品掲載を快く引き受けてくださった、ヒロ・サカイ氏、ゆうきとも氏、Yuji村上氏、HIROSHI氏、鈴木徹氏、竹本修氏、シオミ氏に心より感謝いたします。
　本書の元となった『SFマジックフェスティバル・コレクション』には、様々な理由から本書に掲載されなかった作品があります。岸本道明氏、谷英樹氏、ゆみ女史、庄司タカヒト氏、ふじいあきら氏、深井洋正氏、故マーカ・テンドー氏の各氏の作品です。これらの作品については、また機会を見て、書籍にまとめたいと思っています。
　出版の労をおかけした東京堂出版の名和成人氏、DTP担当のHIROSHI氏、そして、本書を購入くださった読者の皆様にも、心からの感謝を述べさせてもらいます。

　皆様にお届けした魔法の種が、美しい花を咲かせることを切に願います。

カズ・カタヤマ

編者略歴

KAZU KATAYAMA ／カズ・カタヤマ
＊

＊
京都精華大学デザイン学科マンガ科卒
幼少の頃からマジックに興味を持ち、学生時代には各地で活躍。
1988 年に上京しプロデビュー。
テクニックを駆使したスライハンドマジックを得意とし、
1992 年国際マジックシンポジュウムグランプリ、第 7 回厚川昌男賞、
2014 年 JCMA マジシャン・オブ・ザ・イヤー等受賞。
そのハートフルでコミカルなステージは熱烈なファンが多い。
また、イラストレーターとしても活躍。
締切に追われるマジシャンである。
＊
著書に
『ゆうきとものクロースアップ・マジック』（2006 年　東京堂出版）
『みんなで盛り上がる飲み会マジック』（2011 年　東京堂出版）
『カズ・カタヤマのシルクマジック大全』（2011 年　東京堂出版）
などがある。
＊

イラスト＊カズ・カタヤマ
DTP ＊ HIROSHI

クロースアップ・マジック　コレクション	編　者	カズ・カタヤマ
	発行者	金田　功
	発行所	株式会社　東京堂出版
		〒 101-0051
		東京都千代田区神田神保町 1 － 17
		電話　03-3233-3741
		http://www.tokyodoshuppan.com/
初版印刷　2018 年 12 月 10 日	印刷所	中央精版印刷株式会社
初版発行　2018 年 12 月 20 日	製本所	中央精版印刷株式会社
ISBN978-4-490-21001-9 C2076		© KAZU KATAYAMA Printed in JAPAN 2018